罗春秋 / 编著

RATEPAYING

聪明老板 不缴 糊涂税

企业纳税误区一点通

中国铁道出版社有限公司
CHINA RAILWAY PUBLISHING HOUSE CO., LTD.

内 容 简 介

本书是专门汇集和总结企业纳税过程中可能存在误区的书籍，书中对中小型企业在经营与发展过程中可能遇到的纳税问题进行了详细地分析和解答。

全书共 10 章，主要包括 3 个方面的内容，第 1、2 章主要是介绍企业在税务登记、变更和注销等环节中可能走入的误区，以及营改增后的一些新政策；第 3 至第 8 章则从各个税种方面介绍企业可能遇到的纳税困境和误区；最后两章介绍特殊行业中可能存在的纳税误区。

本书内容由整体到局部，由表及里，在注重细节的同时更注重把握关于纳税误区的大局。文中通过具体案例切实为读者解读纳税误区产生的原因和正确的纳税方法，让读者真正知道是什么、为什么和怎么做。

无论你是中小型企业经营者，还是即将成为创业者，都可以从本书中学到常见且实用的纳税知识，更好地规避纳税风险，少走弯路。

图书在版编目（CIP）数据

聪明老板不缴糊涂税：企业纳税误区一点通 / 罗春秋编著 .—北京：中国铁道出版社，2018.8（2020.8 重印）

ISBN 978-7-113-24464-4

Ⅰ．①聪… Ⅱ．①罗… Ⅲ．①企业管理－税收管理－基本知识－中国 Ⅳ．① F812.423

中国版本图书馆 CIP 数据核字（2018）第 096141 号

书　　名：**聪明老板不缴糊涂税：企业纳税误区一点通**
作　　者：罗春秋

责任编辑：张亚慧		读者热线电话：(010)63560056	
责任印制：赵星辰		封面设计：MXK DESIGN STUDIO	

出版发行：中国铁道出版社有限公司（100054，北京市西城区右安门西街 8 号）
印　　刷：北京建宏印刷有限公司
版　　次：2018 年 8 月第 1 版　　2020 年 8 月第 3 次印刷
开　　本：700mm×1000mm　1/16　印张：16.5　字数：198 千
书　　号：ISBN 978-7-113-24464-4
定　　价：49.00 元

前 言

税收是国家取得财政收入的方法之一，具有强制性、无偿性和固定性。因此，在市场中生存的企业都需要按照税法的规定缴纳相应的税费。由于税收的无偿性，很多企业觉得缴税太多会影响企业的盈利状况，所以都在极力地寻求节税和合理避税的方法。

但在节税和合理避税的过程中，很多企业纳税人对税法的理解不够深入和透彻，结果被税务机关认定为少缴税或偷税、漏税，给企业带来纳税风险。而纳税人之所以对税法的理解有欠缺，主要是税务有很多误区，尤其是在实施"营改增"前后，很多税法有所变动，纳税人却还按照原来的税法规定计缴税费，所以在纳税申报缴纳工作中就会出错，导致企业支付不必要的罚金和税收滞纳金。

由此可知，认识纳税误区对纳税人来说是必不可少的功课。只有全方位认识纳税误区才能避免被误区"坑骗"，也才能真正地为企业做好税务筹划工作。

本书正是在这样的现状和前提条件下决定编写的，目的就是要帮助经营者和创业者全面认识"税"，避免承担纳税风险。

本书包括 10 章内容，具体章节的内容如下所示。

◎ 第一部分：第 1 ~ 2 章

　　这部分主要从税务的整体工作出发，讲解企业在税务登记、变更和注销等环节可能存在的纳税误区，以及营改增后的一些税法新政，使纳税人把握税务工作的大局，让税务工作不再是"万事开头难"。

◎ 第二部分：第 3 ~ 8 章

　　这部分主要从企业经营过程中可能涉及的各个税种着手，对每一个税种可能涉及的纳税误区进行详细介绍，列出相关政策依据并给出具体的案例，让纳税人真正认识到税务误区的产生原因和解决办法。

◎ 第三部分：第 9 ~ 10 章

　　这一部分是对前述内容的补充和深化，介绍特殊行业涉及的特殊税务处理工作，让本书整体结构更加完善，也使纳税人学到更多平时可能没有关注到的纳税问题。

　　本书语言严谨，逻辑清晰，将每一个纳税误区与相应的政策进行对比分析，同时列举具体的案例来帮助读者更好地理解政策的准确含义，避免走入纳税误区。根据涉及的内容，本书的读者群定位在税务管理体系不健全的企业纳税人和即将开始自主创业的人士及相关管理者，同时也可作为税务工作者深入学习纳税知识的参考书。

　　最后，希望读者能从本书中学到有用的方法和技巧，在实际的税务工作中提高效率并因此受益。由于编者能力有限，对于本书内容不完善或表述不准确的地方希望广大读者批评指正。

编 者

2018 年 3 月

目 录

C O N T E N T S

第1章　税务大流程中的处理误区

本章将首先从税务登记、变更和注销等流程中的处理误区着手，讲解税务处理过程中可能出现的问题以及解决问题的措施和办法。

误区 No.001　五证合一后不做税务登记 /2

误区 No.002　单次发票领用量发生改变不用核定调整 /4

误区 No.003　普通发票增加领用量时才核定调整 /5

误区 No.004　关于增值税税控系统专用设备的使用 /7

误区 No.005　经营中的某些事务可不用认定和备案 /9

误区 No.006　一般纳税人资格生效日只能为"次月1日" /13

误区 No.007　税务零申报的三大误区 /15

误区 No.008　过分依赖税务代理 /17

误区 No.009　统一法人省事且评级不会受牵连 /19

误区 No.010　所有增值税专用发票取消认证 /20

误区 No.011　增值税专用发票是否合规就看是否认证 /23

误区 No.012　一般纳税人可转为小规模纳税人 /25

误区 No.013　关于税务注销清算存在政策问题 /26

第 2 章 "营改增"后的税务注意事项

在"营改增"政策的实际实施过程中,企业面临着诸多问题无法得到有效处理的困境,并且很容易走入"营改增"税务的相关误区。

误区 No.014 有的营业税发票还能继续使用 /30

误区 No.015 "营改增"前后地税发票的使用没有变化 /31

误区 No.016 增值税免税能开具专用发票 /34

误区 No.017 个人业务都可申请代开增值税专用发票 /35

误区 No.018 代开增值税发票的各种误区 /37

误区 No.019 取得新三板企业的分红时个税有优惠 /40

误区 No.020 运输业的存在使货运专票还可继续使用 /43

误区 No.021 打印的电子发票均可作为税前扣除凭证 /44

误区 No.022 一个企业在同一时期只可采用简易计税和一般计税方法中的其中一种 /47

误区 No.023 一般纳税人的简易计税项目不可开具专票 /49

误区 No.024 简易征收不可抵扣进项税额 /51

误区 No.025 文化事业建设费都有税收优惠 /53

第 3 章 采购与投资活动的增值税处理

增值税进项税额的抵扣问题是税务工作的重中之重。因此,财会人员需要了解采购和投资活动中增值税的处理误区以及规避误区的相应办法,为企业税务工作的处理奠定基础。

误区 No.026 被认定为一般纳税人前的进项税额不能抵扣 /56

误区 No.027 在经营本地发生的住宿费不能抵扣进项税 /57

误区 No.028　取得增值税专用发票就可抵扣进项税额 /60

误区 No.029　"失控发票"均不能用于抵扣进项税额 /62

误区 No.030　关于发票上的盖章问题 /65

误区 No.031　只有一般纳税人才填报《增值税减免税申报明细表》 /67

误区 No.032　以无形资产或不动产投资，不缴增值税 /68

误区 No.033　个人股东无偿借款给公司时要交增值税 /70

误区 No.034　采购款未支付时不能抵扣进项税额 /72

误区 No.035　企业购进办公用不动产不能抵扣进项税额 /75.

第 4 章　销售活动的增值税税务要点

在企业经营过程中，采购和投资活动是对外支付款项，而销售活动是从外部单位获取款项，其中会涉及增值税销项税额，财会人员要认识并避免走进增值税销项税额相关的纳税误区。

误区 No.036　适用简易征收的固定资产销售均可开具增值税专票 /78

误区 No.037　所有以差额为销售额的情况都能用"差额征税"功能 /80

误区 No.038　以差额作为销售额的均可全额开具专票 /86

误区 No.039　所有财务费用都不可以抵扣进项税额 /87

误区 No.040　不征增值税项目的进项税额需要转出 /89

误区 No.041　市场价格波动造成售价低于成本的损失可在税前
　　　　　　扣除 /90

误区 No.042　小规模纳税人不能出具增值税专用发票 /92

误区 No.043　销货方给购货方开具专用发票是法定义务 /94

误区 No.044　计入销售费用的员工销售提成不缴个税 /95

误区 No.045　折扣销售的折扣额不计入增值税应税额 /97

第5章 消费税与企业所得税的纳税处理

消费税的缴纳比较特殊，企业只有在经营特定应税商品时才会涉及该税的计缴问题。而企业所得税几乎是每个企业都要考虑的税务问题，这两种税在处理时也比较复杂，纳税人要深入认识可能存在的误区。

误区 No.046 扩大消费税的征收范围对纳税人不利 /100

误区 No.047 委托加工的应税消费品的消费税不能计入产品成本 /102

误区 No.048 所有消费税都在生产、委托加工或进口环节缴纳 /104

误区 No.049 "买一赠一"活动的企业所得税统一计算 /107

误区 No.050 企业所得税只有实际缴纳时才能弥补以前年度亏损 /108

误区 No.051 关于企业所得税预缴的问题 /110

误区 No.052 自查调增的应纳税所得额不能弥补亏损 /113

误区 No.053 跨年度支付的工资不能税前扣除 /114

误区 No.054 "公司＋农户"经营均可免征企业所得税 /115

误区 No.055 境内企业购买境外企业的股权需代扣代缴企业所得税 /117

第6章 企业固定资产税务处理容易犯错

固定资产的处理会涉及很多税务问题。因为固定资产的处置包括计提折旧、减值准备和固定资产清理等工作，所以其税务处理相对较复杂。为了避免走入纳税误区，纳税人要全面掌握固定资产的税务处理易错点。

误区 No.056 购入的在建工程进项税额都能分两年抵扣 /120

误区 No.057 不同固定资产的计税基础都为历史成本 /123

误区 No.058 固定资产的改建支出都作为长期待摊费用在税前
扣除 /125

误区 No.059 所有固定资产折旧都能在税前扣除 /126

误区 No.060 盘盈的固定资产的折旧费不能在税前扣除 /129

误区 No.061 未提足折旧的固定资产改扩建后不调整税务 /130

误区 No.062 更改外购财务软件的摊销年限无须备案 /132

误区 No.063 销售营改增前购买的固定资产按销售自己使用过的固
定资产的政策执行 /134

误区 No.064 "以旧换新"固定资产只涉及增值税销项税额 /135

误区 No.065 固定资产的折旧都按税务规定进行处理 /139

第 7 章 解决其他税种的纳税疑惑

企业在处理税务时还会处理个人所得税、车船税、印花税、土地增值税、城建税和教育费附加等税种的纳税事务。由于这些税种没有增值税和企业所得税那么常见，所以纳税人要解决与这些税种相关的疑惑才行。

误区 No.066 年所得不足 12 万元的不用进行个税年度申报 /142

误区 No.067 车辆保险增值税发票不能作为缴纳车船税的报账
凭证 /147

误区 No.068 政府收回土地时付给企业的补偿费需缴增值税 /148

误区 No.069 所有合同都要缴纳印花税 /153

误区 No.070 退还增值税的项目都会退还相应的城建税和教育费
附加 /155

误区 No.071 车辆购置税和车船税可替代使用 /156

误区 No.072 转让土地使用权时土地增值税的计税依据为收取的地价款 /158

误区 No.073 关于土地增值税政策的 3 个问题 /161

误区 No.074 企业占用城镇居民的土地才缴纳城镇土地使用税 /163

误区 No.075 契税的计税依据都按土地、房屋的成交价格计算 /165

误区 No.076 涉及自然资源买卖的企业都要缴纳资源税 /166

误区 No.077 任何房产都按面积征收房产税 /168

第 8 章 其他日常经营活动的纳税要点

企业在经营过程中会涉及一些不常发生的经营活动，而这些活动是否需要缴纳税款以及需要缴纳哪种税等都需要纳税人和财会人员提高警惕。

误区 No.078 跨地区的公益性捐赠支出不能税前扣除 /172

误区 No.079 企业的任何财产保险费支出都能税前扣除 /173

误区 No.080 所有营业外支出都需要进行纳税调增 /177

误区 No.081 所有类型的罚款、罚金都能在税前扣除 /179

误区 No.082 任何违约金或赔偿款都需发票才能税前扣除 /180

误区 No.083 员工执业资格考试费不能在税前列支扣除 /182

误区 No.084 员工统一工作服费用支出不能税前扣除 /184

误区 No.085 非正常损失转出的进项税额不能税前扣除 /188

误区 No.086 合理避税要注意的几大误区 /189

误区 No.087 个人投资者从本企业借款不还时可视为红利分配，但不用缴纳个税 /191

误区 No.088 业务发生时支出的餐费就是业务招待费 /192

误区 No.089 企业免费提供给职工居住的宿舍不缴房产税 /193

第9章 房地产行业的税务特点

房地产行业的会计处理工作与生产性企业的会计处理工作有很明显的不同，税务处理工作也会有明显的差异。纳税人、财会从业人员、与企业经营活动有关的人最好能掌握房地产行业的税务特点，避免纳税风险。

误区 No.090 出租不动产开具的发票与一般发票无异 /196

误区 No.091 适用一般计税方法的房地产企业以全部价款为准全额开具增值税专票 /197

误区 No.092 任何有形动产境外租赁服务都免征增值税 /199

误区 No.093 亲戚之间继承的非住房再次转让按转让价缴纳个人所得税 /202

误区 No.094 房地产企业土地增值税的筹划误区 /203

误区 No.095 以投资或联营方式规避土地增值税是合理的 /205

误区 No.096 将房产转为自用或出租要按照企业所得税政策作视同销售处理 /207

误区 No.097 借款费用资本化可加计扣除 /208

误区 No.098 房地产开发企业代收费用要缴企业所得税 /210

误区 No.099 房地产企业预缴税款计入"已交税费" /212

误区 No.100 合作建房计算土地增值税与单独建房无异 /217

误区 No.101 房企代垫首付，按购房者实际支付金额计算缴税 /221

误区 No.102 房产企业向业主收取的违约金都会涉税 /222

误区 No.103 售出精装房送家电或家具可视为混合销售 /223

第10章 你不熟悉的其他特殊行业的税务

在目前的经济市场中，生产性企业和商贸企业都占有很大的比例。这些企业不乏具有个性化的企业，导致其会计处理和税务处理的特殊性，为了避免走入纳税误区，这些企业的纳税人要认真学习相应的税务处理工作。

误区 No.104 建筑企业中简易计税与一般计税不能并存 /226

误区 No.105 "甲供材料"计入建筑服务的销售额 /228

误区 No.106 提供建筑服务的企业都要扣除材料分包款 /230

误区 No.107 餐饮业纳税人任何情况都可用农产品收购发票 /232

误区 No.108 铁路货票、运费杂费收据等可直接作为企业所得税税前扣除凭证 /234

误区 No.109 安置残疾人享受企业所得税优惠时有人数限制 /235

误区 No.110 残疾人职工工资的加计扣除包含企业和个人承担的所有社保和公积金 /236

误区 No.111 关于残疾人工资加计扣除的问题 /237

误区 No.112 只有高新技术企业才可享受研发费的加计扣除 /239

误区 No.113 产权式酒店的分红需纳入税后分配事项 /241

误区 No.114 教育培训机构按一般计税法纳税 /243

误区 No.115 "营改增"后旅游业税务只是税率有变化 /244

误区 No.116 旅游业的四大涉税风险 /245

误区 No.117 动漫产业的税收将一直享有优惠 /248

误区 No.118 营改增后家政服务公司取得的收入都要缴纳增值税 /250

税务大流程中的处理误区

税务的处理是企业日常经营活动中一项重要且复杂的工作，由于税收关系到国家的财政收入，因此，企业要高度重视税务的处理工作。本章将首先从税务登记、变更和注销等流程中的处理误区着手，讲解税务处理过程中可能出现的问题以及解决问题的措施和办法。

误区
No 001

五证合一后不做税务登记

"五证合一"中的"五证"指营业执照、组织机构代码证、税务登记证、社会保险登记证和统计登记证，"五证合一"就是将这 5 证合为一张只有统一社会信用代码的营业执照。也就是说，企业不用再单独办理组织机构代码证、税务登记证、社会保险登记证和统计登记证了，所有经济事务的处理均使用营业执照。如图 1-1 所示的是五证合一后的营业执照。

图 1-1

很多人会就此认为，企业不办理税务登记证就是不用进行税务登记的意思。其实这是一个很容易犯错误的误区。办理税务登记和办理税务登记证是两件不同的事情，虽然五证合一后不用再单独办理税务登记证，但税务登记工作还是要做的。

意思是，五证合一后，企业不需要去国地税局办理任何证件，但需要到国地税局办理税务登记备案，"告诉"国家，企业在合法纳税。

税务登记是税务机关依据税法规定，对纳税人的生产、经营活动进行登记管理的一项法定制度，也是纳税人依法履行纳税义务的法定手续，包括开业登记、变更登记、停业和复业登记、注销登记、外出经营报验登记、纳税人税种登记以及扣缴税款登记等。

因此，税务登记的手续是要办的，只不过税务机关不再向纳税人发放税务登记证。

另外还需要注意的是，统一社会信用代码和相关基本信息将作为法人和其他组织的"数字身份证"。它由 18 位阿拉伯数字或大写英文字母共同组成，主要有 5 个部分，各部分含义如下。

- ◆ **第 1 位**：登记管理部分代码。
- ◆ **第 2 位**：机构类别代码。
- ◆ **第 3～8 位**：登记管理机关行政区划码。
- ◆ **第 9～17 位**：组织机构代码，也称主体标识码。
- ◆ **第 18 位**：校验码。

五证合一后，统一社会信用代码就是税号（即纳税人识别号）。企业只需去税务大厅的多证合一窗口，就能办理五证合一的营业执照。

误区
No.002

单次发票领用量发生改变不用核定调整

增值税发票核定是企业经营过程中必须要进行的一项税务工作，它是指增值税纳税人按生产经营需要，向税务机关申请增值税税控系统开具的发票种类、单次（月）领用数量及增值税普通发票、机动车销售统一发票的最高开票限额。

增值税发票核定事项是国税业务，一般在完成相关税种核定后即可办理申请。五证合一后，企业可使用加载了统一社会信用代码的营业执照代替税务登记证办理该事项。

相应的，增值税发票核定调整也是一项税务工作，它是指已经办理增值税发票核定的纳税人可以根据生产经营变化情况，向主管税务机关申请对其使用税控系统开具的增值税专用发票、货物运输业增值税专用发票、增值税普通发票和机动车销售统一发票单次（月）领用量、离线开具时限和离线开具总金额进行调整，以及机动车销售统一发票和增值税普通发票最高开票限额予以变更。这也是一项国税业务。

增值税发票核定调整容易"踩"中的误区是，企业仅仅认为当企业需要的发票种类发生改变时才进行发票核定调整，而实际上，当企业单次发票领用量发生改变时也需要进行发票核定调整。

A企业是一家食品生产销售公司，为增值税一般纳税人。2017年为了扩大公司的营业范围，新增货物运输业务，同时，公司还发展了批发生意。于是公司派相关人员到主管税务机关办理增值税发票核定调整手续，申请新增货物运输业增值税专用发票。这样，该公司在发展货物运输时可以按税法规定开具货物运输业增值税专用发票，待申报缴纳增值税时可按规定享受相应的优惠政策。

但是 2017 年 8 月初，该公司负责办理税务事项的员工在申报缴纳 7 月的增值税税费时，主管税务机关要求该企业重新核算 7 月的税额。公司纳税负责人不明白发生了什么，于是向税务机关询问原因。

原来，主管税务机关的相关工作人员在对该企业的税务进行了核查以后发现，公司 2017 年 7 月开出大量增值税普通发票，超过了普通发票的月领用量，而超过部分的普通发票在 7 月是不能生效的，所以需要重新核算应缴纳的增值税税额。

公司的税务负责人这才了解，当企业普通发票的月领用量发生了变化时，需要向主管税务机关申请增值税发票的核定调整。这样税务机关才能掌握企业开具增值税普通发票的实际情况，在核算税额时，企业与税务机关两方面才不会出现差异，能减少不必要的麻烦，避免给企业和主管税务机关增加工作负担。

误区
No.003
普通发票增加领用量时才核定调整

普通发票是指在购销商品、提供或接受服务以及从事其他经营活动中，除增值税一般纳税人开具和收取的增值税专用发票外，开具和收取的各种收付款凭证。

普通发票核定是指需要领用普通发票的纳税人，可向主管税务机关申请核定与生产经营活动相当的发票，这一税务事项是国税和地税通用业务。采用加载统一社会信用代码的营业执照的企业，在申请普通发票核定时可用营业执照代替税务登记证办理。

已经办理了普通发票核定的纳税人，可根据生产经营变化情况，向主管税务机关申请对其使用普通发票的领用数量和开票限额予以变更，这就是普通发票核定调整业务，属于国税、地税通用业务。

普通发票核定调整事项的误区主要是，很多人潜意识里认为只有普通发票每月领用量增加时才进行核定调整。而事实上，普通发票的月领用量增减和开票限额的增减等变动都需要办理普通发票核定调整手续，这样才能让主管税务机关实时掌握企业的普通发票使用情况，防止企业滥用增值税普通发票。

增值税普通发票每月都可领取，但是不能超过税务局核定的发票数量上限。如果企业一次性就领了一个月的上限领用数量，则企业当月就只能领取这一次普通发票；如果企业一次没有领取一个月普通发票的上限数量，则用完后当月还可领取普通发票，直至领完普通发票的月领用数量。由此可见，增值税普通发票什么时候领，每月领几次，一次领多少等，纳税人可根据实际需要在限额内自行确定。

另外，普通发票不是必须用完后才能继续领，企业还有发票时也可领新发票，但再次领用的加上原剩余的，总量不能超过税务机关核定的持票数量，比如，税务机关核定用票数量为 30 份，纳税人每次可领用 15 份，也可领用 10 份；如果手里持有 10 份发票，则再次领购时最多领 20 份，总数不超过 30 份。

需要注意的是，无论是增值税一般纳税人还是小规模纳税人，只要经营过程中涉及增值税普通发票的运用，就应考虑是否需要进行普通发票的核定及调整工作。

关于增值税税控系统专用设备的使用

增值税防伪税控系统的专用设备包括金税卡、IC 卡、读卡器或金税盘和报税盘。其中，货物运输业增值税专用发票税控系统专用设备包括税控盘和报税盘；机动车销售统一发票税控系统和公路、内河货物运输业发票税控系统专用设备包括税控盘和传输盘。在使用增值税税控系统专用设备时，企业可能会走入下面一些误区。

误区一：购买费用和技术服务费不可抵减增值税

依照财政部、国家税务总局的相关文件要求，防伪税控系统专用设备的购买费用和支付的技术服务费等，可全额抵扣增值税，目的是减轻企业的税收负担。因此，企业要弄清楚这一政策规定，否则会走入误区，给企业徒增税负。

当企业在购买税控系统专用设备并支付服务费用时，编制如下会计分录。

借：管理费用

    贷：库存现金 / 银行存款

在申报缴纳增值税时，将购买和安装税控系统专用设备的价款及服务费等涉及的增值税从应缴纳的增值税中抵减，编制如下会计分录。

借：应交税费——增值税减免税额

    贷：营业外收入

除此之外，增值税纳税人在 2011 年 12 月 1 日以后缴纳的税控系统专用设备的技术维护费，可凭技术维护服务单位开具的技术维护费发票，在增值税应纳税额中全额抵减。

知识加油站

增值税抵减与增值税抵扣之间是有区别的：一，要实现增值税抵减，需要取得符合政策规定的专用发票才能抵减，而要进行增值税抵扣，先要有增值税扣税凭证，企业根据取得的增值税扣税凭证与收入核算对应的销项税额，然后计算应缴纳的税费；二，增值税抵减部分纳税人的"身份"，即不论是一般纳税人还是小规模纳税人，都有享受增值税抵减优惠的机会，而增值税抵扣只针对一般纳税人而言；三，增值税抵减有严格的要求，比如税控系统专用设备也只是在第一次购买时才能进行抵减，第二次购买就不能抵减了，而企业如果取得合法的增值税抵扣凭证，无论什么时候都可进行抵扣；四，增值税抵减的税费，一般纳税人冲减为"应交税费——本月未交增值税"或"应交税费——简易计税"，小规模纳税人冲减为"应交税费——应交增值税"，而增值税抵扣的税费为"应交税费——进项税额"。

如果一般纳税人购买增值税税控系统专用设备的费用及支付的技术服务费等，取得了增值税专用发票，账务处理时进行了进项税额抵扣，如果要想改为抵减增值税，应如何处理呢？

负责企业税务的人首先要在《增值税纳税申报表》（适用于增值税一般纳税人）的"进项税额转出"栏中填写已经抵扣的税额，然后在"应纳税额减征额"栏中填写抵减的数额即可。

误区二：企业变更或注销时无须对税控系统进行变更注销

很多企业认为，税控系统专用设备是比较人性化的工具，当纳税人名称、开票限额、购票限量和开票机数量等事项发生变更或变更金税盘（税控盘）时，不需要对企业的税控系统专用设备进行变更操作，这是一个很明显的"误认为"。

当企业发生前述变更事项时，需要到主管税务机关办理税控系统专用设备的变更发行。另外，纳税人识别号发生变化的，需要办理增值税税控系统专用设备注销发行事项，而不是变更发行事项。

当纳税人要注销税务登记时，还需要到主管税务机关办理增值税税控系统专用设备注销发行手续，而并非像很多人认为的，只要注销了税务识别号就万事大吉了。实际上，纳税人办理税控系统专用设备注销发行手续，是为了方便主管税务机关对需要收缴设备的企业收缴其金税盘和报税盘。如果企业不办理税控系统专用设备的注销发行手续，则主管税务机关便不能得知是否应该收缴企业的金税盘和报税盘。

误区
No.005
经营中的某些事务可不用认定和备案

与企业税务相关的认定和备案手续较多，主要有增值税一般纳税人资格登记、征收方式认定、税收优惠资格备案、出口退（免）税资格备案及其他一些事项的认定等。这些主要的认定与备案手续在税务处理过程中是不能简化的，需要一项一项地处理好。

误区一：增值税一般纳税人资格登记可模糊处理

在纳税人资格登记手续中，主要包括选择按小规模纳税人纳税和增值税一般纳税人资格登记。这一认定手续必须在企业正式经营前办理，并且不能忽视，否则会影响日后的纳税事务。

一般来说，年应税销售额未超过规定标准（年应税销售额为 50 万元，应税服务年销售额规定标准为500万元）的个体工商户以外的其他个人，按小规模纳税人纳税；年应税销售额未超过规定标准的非企业性单位和不经常发生应税行为的企业，可选择按小规模纳税人纳税。

而增值税一般纳税人的资格实行登记制，登记事项由增值税纳税人向主管税务机关办理。年应税销售额（含免税销售额）或应税服务年销售额超过规定标准的增值税纳税人，可向主管税务机关申请增值税一般纳税人资格登记。

增值税纳税人年应税销售额超过规定标准的，除符合有关规定选择按小规模纳税人纳税的，在申报期结束后20个工作日内按规定向主管税务机关办理一般纳税人登记手续，未按固定时限办理的，主管税务机关在规定期限结束后10个工作日内制作《税务事项通知书》，告知纳税人在10个工作日内向主管税务机关办理登记手续。

由此可以看出，增值税一般纳税人的资格登记手续必须受到主管税务机关的管理监督，所以企业办理时不能敷衍了事。

误区二：企业可随意变更税费的征收方式

在税费征收方式认定手续中，主要涉及对纳税人变更纳税定额的核准和增值税一般纳税人选择简易办法计算缴纳增值税等事项。也就是说，当纳税人要变更自己的纳税定额时，需要向主管税务机关申请核准，而一般纳税人要选择简易办法计算缴纳增值税时也需要向主管税务机关提出申请，企业不能随意变更税费的征收方式。

企业对税务机关采取以下方法核定的应纳税额有异议的，应提供相关证据，经税务机关认定后调整应纳税额。

◆ 参照当地同行业或类似行业中经营规模和收入水平相近的纳税

人的税负水平核定。

◆ 按照营业收入或成本加合理费用与利润等方法核定。

◆ 按照耗用的原材料、燃料和动力等推算或测算核定等。

当企业的应纳税额是按照上述列示的方法核定的，且企业对其有异议的时候，可向税务机关申请变更税费征收方式，认定后即可变更。

而当增值税一般纳税人要选择简易办法计算缴纳增值税时，也不能自行地按简易办法计缴增值税，即使利用简易办法核算出了应缴纳的增值税税额，到主管税务机关处申报缴纳时也不会通过。

这样的情况，企业需要向主管税务机关提出选择简易办法计算缴纳增值税的申请，然后等待税务机关的认定与核准，通过后才可利用简易办法计缴增值税。

需要注意的是，增值税一般纳税人可以选择简易办法计算缴纳增值税，但一经选择后，36 个月内不能变更。所以，企业在办理这一税务时要谨慎。

误区三：企业只需要按规定享受税收优惠，不需要进行资格备案

为了保证企业和主管税务机关之间的信息对称性，企业的很多税务信息需要到税务机关进行备案，这样一来，待企业申报缴纳税费时，税务机关核定税费时就会有据可循。

国家为了促进经济的发展，出台了很多税收优惠政策，很多企业可依靠相应的政策为自身减轻税收负担。但同时税收优惠政策的实施也减少了国家的财政收入，在一定程度上影响了国家的利益。因此，为了规范企业对税收优惠政策的利用，减少国家的利益损失，具备税收优惠资格的企业必须到主管税务机关进行资格备案，防止企业滥用

税收优惠政策而税务机关却不知情的情况发生。下面是一些需要企业进行资格备案的税收优惠项目。

◆ 风力发电增值税即征即退资格备案。

◆ 新型墙体材料增值税即征即退资格备案。

◆ 动漫产业增值税即征即退资格备案。

◆ 生产销售铂金增值税即征即退资格备案。

◆ 部分地区国内货物运输服务、仓储服务和装卸搬运服务增值税即征即退资格备案。

◆ 安置残疾人就业增值税即征即退资格备案。

◆ 集团公司具有免抵退税资格的成员企业备案等。

按照税务机关的规定，几乎所有的税收优惠资格都需要备案，包括出口退（免）税资格，也需要涉及出口退（免）税的企业到税务机关申请办理资格备案。

需要注意的是，并非只有出口企业才能向税务机关申请出口退（免）税资格备案，其他一些企业偶然涉及出口业务的，也可在当期向税务机关申报出口货物退（免）税事项，对退（免）税资格进行备案。另外，出口企业或其他单位撤回出口退（免）税备案，按规定需结清出口退（免）税款的，税务机关应通过系统出具受理通知，并告知出口企业待结清出口退（免）税款后才能予以办理撤回。

误区四：其他日常事项的认定可以忽略不计

这一看法是极不谨慎且极不正确的，企业的经营都是依靠一点一滴的日常事项串联发展的，很多日常事项的处理更为重要。比如非居民企业股权转让适用特殊性税务处理的备案工作、非居民企业选择由其主要机构场所汇总缴纳企业所得税的审批工作等。下面是一些企业经营过程中被误以为可以不进行的认定或备案的事项。

◆ 非居民合同项目备案。

◆ 境外注册中资控股企业居民身份的认定。

◆ 印花税票代售许可的备案。

◆ 汇总缴纳消费税核准事项。

当企业发生上述这些与税务相关的业务或事宜时，该备案的要备案，该进行认定的要认定。有些事情看上去很小、很简单，但这些认定或备案事项是企业绝不应该忽视的。

误区
No.006

一般纳税人资格生效日只能为"次月1日"

我国从 2016 年 5 月 1 日起全面实施营改增后，很多原来缴纳营业税的纳税人都申请被认定成为增值税的一般纳税人。一旦登记成为一般纳税人后，企业就需要按一般纳税人适用税率缴纳增值税。

国家税务总局对一般纳税人的资格生效时点做了说明，纳税人自其选择的一般纳税人资格生效之日起，按增值税一般计税方法计算应纳税额，并按规定领取增值税专用发票。而市场中很多企业和个人都认为，一般纳税人资格生效日只能是申请认定为增值税一般纳税人的次月 1 日，这是一个很明显的认识误区。

实际上，纳税人可选择一般纳税人资格生效日期，且通常只有两种选择：当月 1 日生效和次月 1 日生效。

某建筑公司 2017 年 7 月 13 日发生材料购进事项，取得的增值税专用发票上金额为 500 万元，税额为 85 万元。2017 年 8 月 10 日发生了一笔价税安装服务收入，共计 285.83 万元；8 月 15 日办理了增值税一般纳税人的资格登记；8 月 21 日取得第二笔价税合计建筑服务收入，共计 857.48 万元。

1. 如果该公司一般纳税人资格在当月 1 日（即 8 月 1 日）生效，则 8 月需要按照增值税一般纳税人计税方法计算缴纳增值税额。

8 月应缴纳增值税 =（285.83+857.48）×11% ≈ 125.76（万元）

2. 如果该公司一般纳税人资格在次月 1 日（即 9 月 1 日）生效，则 8 月应作为小规模纳税人计算缴纳增值税。

8 月应缴纳增值税 =（285.83+857.48）×3% ≈ 34.3（万元）

这样看上去，该公司一般纳税人资格选择次月 1 日生效好像更有利于企业节税。但是，很多人容易忽视的问题是：如果选择次月 1 日生效，因为 2017 年 8 月已经作为小规模纳税人计算缴纳过增值税，而 7 月 13 日取得的材料购进发票进项额就不能再抵扣。

而如果选择当月 1 日生效，则 7 月 13 日发生的增值税进项税额可在 8 月及以后征期内抵扣（如果该企业在 8 月 1 日之前取得过生产经营收入，则按销售额和征收率简易计算应纳税额申报过增值税的，就不能抵扣）。

所以，在 7 月没有发生经营收入的情况下，该企业如果选择当月 1 日生效一般纳税人资格，7、8 月应缴纳增值税总额为 40.76（125.76-85）万元；如果选择次月 1 日生效一般纳税人资格，则 7、8 月实际缴纳的增值税总额为 119.3（85+34.3）万元。

由上述案例可知，一般纳税人资格生效之日是选择"当月 1 日"还是"次月 1 日"对企业最有利，不能一概而论，要结合纳税人的实际情况，计算后再确定。

误区
No.007

税务零申报的三大误区

很多纳税人认为，企业当期不需要缴纳任何税费时就可以不申报纳税。这种想法是错误的。这些纳税人没有弄清楚应纳税款、税务零申报和税务不申报之间的关系，所以容易走入以下 3 个误区。

误区一：没有税费可缴时，可不用申报

某企业为小规模纳税人，最新一季度的销售统计显示，销售收入未超过 9 万元，而月平均收入是 2 万元。负责企业税务工作的员工以为可以不用给公司进行纳税申报。

而事实上，企业没有税费可缴时，也需要进行纳税申报，此时要做的就是"零申报"。零申报是指企业在纳税申报的所属期内没有发生应税收入，但还是要进行纳税申报，只不过申报缴纳税款时，数额为 0。根据《税收征管法》和税法的相关规定，纳税人必须如实填写纳税申报表进行申报，即使收入较少，符合小微企业免征增值税的优惠政策，也要进行纳税申报，否则会给企业带来不必要的麻烦。

需要企业和财会人员注意的是，如果公司正在筹建期，自然处于亏损状态，而公司只对所得税一项进行零申报的做法也属于未如实申报，是违反相关规定的。所以，即使筹建期没有开票业务，企业每月也需要记账，这样才能生成数据，便于进行增值税和企业所得税的零申报工作。

误区二：企业长期没有应税收入是可以长期零申报的

企业出现零申报一般有两种情形：一是企业处于初创期，尚未正式运营，没有任何收入，这时出现的零申报属于合法的申报；二是企业故意隐瞒未开票的收入，进行虚假零申报。

企业进行零申报就意味着当期没有收入来源，如果出现长期零申报的情况，可能是企业确实经营不善，这样企业还能不能持续经营下去就会是问题；但也可能是企业故意进行零申报，目的是逃税，这种做法是违法的。

若是企业确实长期没有应税收入，所以自然会出现长期零申报的情况。但这种情况是有风险的，一旦主管税务机关发现企业长期零申报，就会核查企业的应税收入情况，当发现企业处于经营不善的状态时，就可能会联合其他相关部门劝说企业宣告破产。

若是企业故意隐瞒应税收入，进而少缴税费，则这种做法也存在涉税风险。一旦该行为被主管税务机关查出，企业不但需要补缴应缴而未缴的税费，还会被罚缴相应的税费滞纳金和罚款，并且企业将被税务部门列为重点监控对象，到最后会是得不偿失的局面。

误区三：零申报与企业信用没有关系

近些年，税务机关更加重视企业的纳税信用等级评估，并且想尽办法使企业也重视纳税信用等级。比如，企业纳税信用等级评定为A、B级的，可取消增值税专用发票认证的程序，使企业办税更便利；反之，如果企业纳税信用等级被评定为D级，则企业的办税工作会举步维艰。

如果企业在一个评价年度内，因非正常原因导致增值税连续3个月或累计6个月零申报甚至负申报的，企业的纳税信用等级就不能评定为 A 级。另外，隐瞒收入进行虚假零申报的，不但会补缴当期税款，还会交税费滞纳金和相关罚款，同时税务机关会相应地对企业纳税信用等级评定为 D 级甚至更低的级别，情节严重的还会移送稽查部门。

误区
No.008

过分依赖税务代理

税务代理指代理人接受纳税人的委托，在法定的代理范围内依法为纳税人办理相关税务事宜的行为。税务代理人在其权限内，以纳税人（含扣缴义务人）的名义代办纳税申报、申办、变更、注销、申请减免税、设置保管账簿凭证及进行税务行政复议和诉讼等纳税事项。

在当下市场中，各种工商财税代理公司有很多，给企业的税务工作带来极大的方便。但是，在享受便利的同时，税务机关登记的企业联系方式应该是自家公司的电话，不可完全依赖税务代理。

一旦税务代理人换掉了，税务机关跟原来的代理人联系时，他们可能不会理睬税务机关的工作人员，也不会通知企业办理需要办理的税务。如果遇到紧急或重要的涉税事务而无法接收通知，此时承担违规后果的是企业而不是税务代理人。因此，过分依赖税务代理会给企业带来不必要的税务麻烦和经济损失。

所以，企业采用税务代理的方式委托代理人代办税务事宜时，在税务机关登记的联系人电话应是企业自己的电话或企业税务负责人的电话。如果税务负责人有离职变动，则需要及时进行税务登记信息的变更，以便税务机关能及时通知企业办理相关税务。

2017年7月，某市税务机关在对其辖区内一企业进行年度税务检查时发现，该企业将部分不用的库存材料出售后取得销售收入585000元（含税价），且计入"其他业务收入"科目中，但是在申报缴纳税款时，没有计提该部分收入的销项税额，使得企业少缴税款85000元，构成了违法事实。检查人员按照税收征收管理法的相关规定，提出了初步处理意见，对该违法行为定性为偷税，处以所偷税款50%的罚款并加收部分滞纳金。

税务机关的工作人员还查询了该公司往年稽查案卷，发现该企业5年内曾被税务机关给予两次行政处罚，且2016年偷税数额在5万元以上，占当年应纳税额10%以上。根据相关刑事案件立案追诉标准的规定，纳税人5年内因偷逃税款受过刑事处罚或被税务机关给予两次以上行政处罚，而后继续偷逃税款且数额在5万元以上、占各税种应纳税总额10%以上的，应立案追诉。于是，税务机关的工作人员整理了相关文书资料，准备向公安机关移送该公司的违法资料。

而在税务机关查出该企业在被给予两次行政处罚后还有偷税情况时，企业负责人一再向税务机关陈述，由于曾受过税务行政处罚，所以企业管理层很重视税务风险，近年来的纳税申报事项都委托某税务师事务所代理，每月的账务处理和涉税申报都会经过该事务所审核，然后才进行纳税申报。

同时，企业负责人还称各类申报表上有注册税务师印章为证。企业认为，自己每年向税务师事务所缴纳了税务代理费，并签订有合法的代理合同，且合同上明确注明了企业在如实向税务代理机构反映经营情况的前提下，税务申报若受到税务机关处罚，税务代理机构应承担主要责任。

该企业负责人咨询了相关律师后认为，税务代理人违反了税收法律和行政法规，造成纳税人未缴或少缴税款，除由纳税人缴纳或补缴应纳税款与滞纳金外，税务机关应对税务代理人处以纳税人未缴或少缴税款 50% 以上 3 倍以下的罚款。而该企业是因为税务代理人违反税收法规造成了未缴或少缴税款，所以企业只需补缴应缴纳税款和滞纳金，而不能被定性为偷税且受到处罚。

在调查过程中，与该企业合作的税务师事务所负责人找到税务机关，说明企业销售库存材料的收入未申报纳税的责任在于税务代理人的疏忽大意，事务所愿意按规定接受税务机关的处罚。

税务机关经过审查后，认为没有足够的证据证明该笔业务的处理过失应由纳税人承担，同时税务代理人又积极举证说明责任在己方，表示愿意承担责任。所以，税务机关对税务师事务所处以少缴税款的 50% 的罚款，同时让企业补缴少缴税款和滞纳金。税务师事务所和企业都按税务机关的要求履行了处罚和处理决定，税务机关就没有立案进一步追诉。

该案例中的企业因为过分依赖税务代理机构，差点承担违法责任，给企业带来了不必要的损失，多支付了税费滞纳金。

误区
No.009

统一法人省事且评级不会受牵连

统一法人是指同一个法定代表人在同一个地址可以注册多个企业，也就是说，不同的公司，其法人代表可能相同。很多企业以为这么做会为税务工作带来很多方便，很省事，并且一家公司发生税务风险时，另外的公司不会受到牵连。这种看法有很大的税务认知误区。

事实上，在统一法人的情况下，如果法定代表人名下有多个企业，那么，只要其中一个公司因为没有履行涉税义务而被认定为"非正常户"时，不仅该公司的纳税信用等级会被评定为 D 级，同一法人下的其他公司也会受到牵连。虽然可能在纳税信用等级上不会被评定为 D 级，但很有可能使这些公司会成为税务机关的重点监控对象，以后这些公司处理税务工作会比以前更难。

对企业来说，被认定为"非正常户"后，所有涉及税务的事项都不能办理，比如纳税申报和申领发票等。对于法人代表来说，如果是多家公司的统一法人代表，那么一家公司被认定为"非正常户"，该法人就不能再担任其他企业的法人代表了。

当几家公司是统一法人时，且某一家公司发生了严重的税务问题，则可能会影响其他公司的纳税信用等级，进而会对其他公司的纳税事项造成一定的阻碍。要解决这种不利的关联情况，方法之一就是办理《非正常转正常户》手续。

被认定为"非正常户"的企业，在办理《非正常转正常户》手续时，需要填写《解除非正常户认定表》，然后等待税务机关实地核查，税务机关确认无欠税后才会给企业办理转正常户的手续。当企业转为正常户后，其原来受到牵连的企业也会同时解除相应的限制，恢复相关的税务办理权利，纳税信用等级也会随之改变。

误区
No.010

所有增值税专用发票取消认证

增值税专用发票取消认证的规定是一个不断发展和变更的过程，具体过程可参考以下国家相应的税务公告。

纳税信用等级为 A 的企业取消增值税发票的认证

根据《国家税务总局关于纳税信用 A 级纳税人取消增值税发票认证有关问题的公告》（国家税务总局公告 2016 年第 7 号）规定，纳税人取得销售方使用增值税发票系统升级版开具的增值税发票（包括增值税专用发票、货物运输业增值税专用发票和机动车销售统一发票）的，可以不再进行扫描认证，通过增值税发票税控开票软件登录本省增值税发票查询平台，查询和选择用于申报抵扣或出口退税的增值税发票信息。纳税人取得增值税发票，通过增值税发票查询平台未查询到对应发票信息的，仍需进行扫描认证。

该规定一出，很多企业和财会人员都误以为增值税专用发票已经取消了认证，这是一个很明显的税务误区。

首先，取消增值税发票认证的规定是针对纳税信用等级为 A 级的企业，也就是说，纳税信用等级不是 A 级的企业，其增值税发票依然需要认证。纳税信用等级为 A 级的企业，说明其纳税义务履行得很好，得到了税务机关极大的信任，所以税务机关就相应地给予企业一些办税工作上的方便。换言之，纳税信用等级不高的企业，无法得到税务机关的信任。为了保证国家的利益，税务机关肯定会要求企业进行增值税发票的认证，以做好发票的管理工作。

其次，由增值税发票系统升级版开具的增值税发票才可取消认证，说明不是任何发票系统开具的增值税发票都可取消认证。升级后的发票系统利用税务数字安全识别技术，以全票面信息采集的方式，解决了发票身份识别问题，对伪造、变造、篡改和大头小尾等发票违法行为更容易发现和识别，所以，由升级后的发票系统开具的增值税发票不需要认证。

企业和财会人员在理解增值税发票取消认证的规定时需要注意，企业需要同时满足上述两项前提才能取消增值税发票的认证。也就是说，当企业纳税信用等级为 A 而增值税发票不是升级后的发票系统开具的，则增值税发票需要认证；当企业纳税信用等级不是 A 而增值税发票由升级后的发票系统开具的，增值税发票不能取消认证。当然，两项前提都不满足的情况下，增值税发票是一定会被要求通过认证才能使用的。

一般来说，现在大部分企业使用的增值税发票都是由升级后的发票系统开具的，所以，只要企业纳税信用等级为 A 级，其增值税发票一般都可以取消认证。而国家为了给广大纳税人提供方便，又相继发布了关于取消增值税发票认证的公告。

纳税信用等级为 B 的企业也能取消增值税发票的认证

根据《国家税务总局关于全面推开营业税改征增值税试点有关税收征收管理事项的公告》（国家税务总局公告 2016 年第 23 号）第五条规定，扩大取消增值税发票认证的纳税人范围。

纳税信用等级为 B 的增值税一般纳税人取得销售方使用新系统开具的增值税发票，可以不再进行扫描认证，登录本省增值税发票查询平台，查询和选择用于申报抵扣或出口退税的增值税发票信息，未查询到对应发票信息的，仍需进行扫描认证。

增值税发票的取消认证范围扩大到纳税信用等级为 C 的企业

根据《国家税务总局关于按照纳税信用等级对增值税发票使用实行分类管理有关事项的公告》（国家税务总局公告 2016 年第 71 号）第二条规定，扩大取消增值税发票认证的纳税人范围，将取消增值税发票认证的纳税人范围由纳税信用 A 级和 B 级的增值税一般纳税人扩大到纳税信用 C 级的增值税一般纳税人。

对 2016 年 5 月 1 日新纳入营改增试点、尚未进行纳税信用评级的增值税一般纳税人，2017 年 4 月 30 日前不需要进行增值税发票认证，登录本省增值税发票选择确认平台，查询、选择并确认用于申报抵扣或出口退税的增值税发票信息，未查询到对应发票信息的，需要进行扫描认证。该公告自 2016 年 12 月 1 日起实施。

也就是说，当下对于纳税信用等级为 A、B 和 C 级的纳税人，都可能取消增值税发票的认证，这些纳税人可直接通过本省增值税发票查询平台，查询和选择用于申报抵扣或出口退税的增值税发票信息，而未查询到对应发票信息的，则需要进行扫描认证。

误区
No.011

增值税专用发票是否合规就看是否认证

一般的财会人员都会认为，增值税专用发票只要通过了认证，就表明发票属于合规发票。这种看法是明显不正确的，是税务工作中常常会出现的认知误区。

在税务实务中，不加盖发票专用章、单位公章、财务专用章，发票内容压线及单位抬头不写全称等这些不合规的增值税专用发票，虽然都可以认证通过，但是这些增值税专用发票的确都属于不合规发票，不能作为增值税进项税额抵扣、企业所得税税前扣除和土地增值税税前扣除凭证。

也就是说，增值税专用发票即使认证通过了，也并不代表相应的增值税专用发票是合规的。所以"增值税专用发票是否合规就看是否认证"的说法是不准确的。

换个角度，是不是只要发票合规，就能说明相应的发票已经通过认证了呢？答案是否定的。根据上一个关于"增值税专用发票取消认证"的误区可知，现在的企业使用的发票可能没有通过认证，但其确实是合规发票。所以，发票合规并不能说明相应的发票已经通过认证，两者之间不存在必然关系。那么，增值税专用发票是否合规主要通过哪些关键点来判断呢？主要内容见表 1-1。

表 1-1　判断增值税专用发票是否合规的关键点

审查点	内　容
审查要素是否齐全	发票的要素要包括：单位、数量、单价、金额、开票日期和公章，可根据这 6 个要素鉴别发票是否合规
审查有无税务登记章、有无经手人签字等	没有税务登记章而只有单位营业章或财务专用章的发票，没有经手人签字的发票，以及没有领导签字的发票等，都属于不合规发票
审查发票是否过期	国家对发票实行定期版制度，新版发票发行后，旧版发票便不再使用，所以过期的发票会被定性为不合规发票
发票的复写字迹与原字迹是否一致	如果发票复写字迹与原字迹不一致，或者发票有套印、内容不完整及有局部复写的情况等，这样的发票是不合规发票
发票上的业务时间与发票时间是否一致	如果先发生经济往来的发票时间在后，而后发生经济往来的发票时间在前，则发票可能存在虚开的情况，这会使相应的发票成为不合规发票
审查发票的隶属关系	发票摘要栏中的内容与销售单位经营范围明显不相符时，该发票为不合规发票

表 1-1 中所示的审查点是认定发票是否合规的关键点，与发票是否合规有着直接关系，而发票是否认证与发票是否合规没有必然联系。

一般纳税人可转为小规模纳税人

根据《增值税暂行条例实施细则》（财政部、国家税务总局第 50 号令）第三十三条规定，除国家税务总局另有规定外，纳税人一经认定为一般纳税人后，不得转为小规模纳税人。由此可见，"一般纳税人可转为小规模纳税人"的说法是不准确的，是进入了税务认知的误区。

事实上，企业选择被认定为增值税一般纳税人后，再转为小规模纳税人是不太可能的。因此，企业在申请一般纳税人时一定要慎重。这也导致很多人对成为增值税一般纳税人提心吊胆，会担心超过小规模纳税人标准后，企业会不会自动转为一般纳税人。

企业需要主动申请认定为一般纳税人

根据《国家税务总局关于调整增值税一般纳税人管理有关事项的公告》的相关规定，纳税人年应税销售额超过财政部和国家税务总局规定标准的，在申报期结束后 20 个工作日内按照规定办理认定一般纳税人的手续，未按规定时限办理的，主管税务机关也会督促企业办理。所以，当超过小规模纳税人标准后，企业虽然不会自动转为一般纳税人，但企业必须在规定的时限内主动申请被认定为一般纳税人，否则税务机关会对企业实施"强转"，即让企业无法使用增值税专用发票。

超过小规模纳税人标准而不认定为小规模纳税人的情况

超过小规模纳税人标准且符合有关政策规定选择按小规模纳税人

纳税的，应向主管税务机关提交书面说明。在哪些情况下，企业超过小规模纳税人标准却仍能选择被认定为小规模纳税人呢？

根据相关营改增政策规定，年应税销售额超过规定标准的其他个人不属于一般纳税人，以及年应税销售额超过规定标准但不经常发生应税行为的单位和个体工商户等，可选择按小规模纳税人纳税。

误区
No.013

关于税务注销清算中存在的问题

税收管理员一般对注销清算不感兴趣，认为税款排列在清偿的第二位，连以往的欠税都没有收上来，还要进行清算，算出来的数字还是欠税。而税务机关对欠税还要考核，这就是典型的"出力不讨好"。

我国现行的《破产法》和《民事诉讼法》规定，破产财产在优先拨付清算费用后，按下列顺序清偿：职工工资和劳动保险费用、所欠税款及清偿债务。对处于第二清偿顺序的"所欠税款"是指企业清算前的欠税，而并不是处置资产过程中新发生的税收。对清算处置资产时产生的税收是为债权人的共同利益而在清算程序中必须支付的各种费用，属于清算费用，应优先受偿。另外，根据《税收征管法》的规定，处于第二清偿顺序的欠税，如果发生在设立担保债权之前，则税收债权要优先。

除此之外，很多人认为企业在实施"五证合一、一照一码"后，税务工作就不再是独立的部分，而税务的有关事项也就没有必要再办理了，比如税务注销清算。这一看法也是严重的税务认识误区。

事实上，企业实施"五证合一、一照一码"后，税务相关的事务并不能简而化之，该办理的业务都不能落下。下面通过认识"五证合一"后税务注销清算的一些正确操作来避免对税务注销清算存在的政策上的认识误区。

①已经进行"五证合一、一照一码"登记的企业，在办理税务注销登记时，必须先向主管税务机关申报清税，填写《清税申报表》。企业可向国税、地税任何一方税务主管机关提出清税申报。

②税务机关受理纳税人的清税申报后，应将企业清税申报信息同时传递给另一主管税务机关。按照先货物税后所得税的注销清算顺序，由国税、地税税务主管机关按照各自职责分别进行清税。这一业务需要限时办理。

③企业完成清税工作后，国税和地税任一税务机关应及时将本部门的清税结果信息反馈给受理税务机关，由受理税务机关根据清税结果向纳税人统一出具《清税证明》，并将信息共享到交换平台。

④税务机关应分类处理纳税人的清税申报，扩大即时办结范围。根据企业经营规模、税款征收方式和纳税信用等级指标进行风险分析，对风险等级较低的企业，当场办理结清税手续；对于存在疑点情况的，企业可提供税务中介服务机构出具的鉴证报告。

⑤在税务机关办理税务关系注销时限内，对企业清算核查和检查过程中发现有涉嫌偷、逃、骗、抗税或虚开发票的，或者需要进行纳税调整等情形的，办理时限需自然中止，待相关事项处理完毕后继续计算税务清算。

⑥在清税事项完成后，如果经举报发现少报或少缴税款的，税务机关要将相关信息传至登记机关，并把企业纳入"黑名单"管理，或

者将企业认定为"非正常户"。

问：打印的电子发票究竟能不能作为税前扣除凭证呢？

答：增值税电子普通发票的开票方和受票方需要纸质发票的，可自行打印增值税电子普通发票的版式文件，其法律效力、基本用途和基本使用规定等与税务机关监制的增值税普通发票相同。由此可知，不是所有的电子发票在打印出来以后就能作为税前扣除凭证，比如增值税专用发票，其电子发票打印出来后不能作为税前扣除凭证。

"营改增"后的税务注意事项

我国 2016 年 5 月 1 日全面推行营改增政策，原本需要缴纳营业税的企业将改征增值税。在"营改增"政策的实际实施过程中，企业面临着诸多问题无法得到有效处理的困境，很容易走入"营改增"税务的相关认识误区。为了防止企业承担税务风险，财会人员需要了解一些"营改增"后的税务注意事项。

误区
No.014

有的营业税发票还能继续使用

顾名思义，营业税发票是指发生的劳务属于征收营业税而开具的发票。"营业税发票"是纳税人对应"增值税发票"的称呼而自行定义的一种发票名称，法律上没有"营业税发票"这一名词概念。

区分营业税发票和增值税发票的方法很简单：增值税普通发票和增值税专用发票的票头注明的都是国税局监制的"××省增值税专用或普通发票"的字样，而营业税发票的票头注明的都是"建筑业发票"、"餐饮业发票"或"服务业发票"等字样。

除上述区分方法外，我们还可看发票上的印章：若印章为"全国统一发票监制章"或"国家税务局监制"等，则属于增值税普通发票或增值税专用发票；若印章是"地方税务局监制"，则相应发票为营业税发票。

在"营改增"实施以后，若营改增企业既有营业税发票，又有增值税发票，则在发生增值税业务时，企业还能不能开具营业税发票呢？答案是否定的。已经在国家税务机关领用发票的纳税人，其结存的原有营业税发票应进行缴销并不再使用。具体需要注意以下一些方面。

①营业税发票的过渡期为 2016 年 5 月 1 日至 6 月 30 日，也就是说，2016 年 6 月 30 日以后取得的营业税发票不能再用。但是，特殊情况下经省国税局确定，可适当延长使用期限，而最迟也不得超过 2016 年 8 月 31 日。所以，2017 年还在市场中流通的营业税发票是无效的。

②对于营业税发票,"可继续使用至 2016 年 6 月 30 日,最迟不超过 2016 年 8 月 31 日"是指营业税发票的开票日期而不是报销日期。也就是说,继续使用的营业税发票,如果开具日期在 2016 年 6 月 30 日前(有的在 2016 年 8 月 31 日前),则按照企业相关发票报销制度可以在 2016 年度内报销。

③企业如果取得 2016 年 6 月 30 日以前或者 2016 年 8 月 31 日以前开具的营业税发票,不能作为企业所得税税前扣除凭证或土地增值税税前扣除凭证。

误区
No.015

"营改增"前后地税发票的使用没有变化

地税发票是指地税机关发放的发票,"营改增"政策实施以后,地税发票的使用还有一定的过渡期,而过渡期结束后,企业、个体工商户和个人等都不能再使用地税发票。

相关政策规定,自 2016 年 5 月 1 日起,地税机关不再向纳税人发放发票,而营改增试点纳税人已经领取的地税机关印制的发票和印有其本单位名称的发票,可继续使用至 2016 年 6 月 30 日,特殊情况经省国税局确定,可适当延长使用期限,但最迟也不得超过 2016 年 8 月 31 日。

一般来说,营业税发票就是地税发票。虽然地税发票不能再使用,但门票、过路(桥)费发票、定额发票、客运发票和二手车销售统一发票等还可继续使用。其中,通用的定额发票目前有:0.5 元、1 元、2 元、5 元、10 元、20 元、50 元和 100 元 8 种面额。

问：营改增后纳税人可以同时使用地税和国税发票吗？

答：初次在国税机关领用发票的纳税人，必须缴销之前在地税机关领用的发票后才能领用国税发票。凡在国税机关已经领用发票的纳税人，地税机关发放的发票一律缴销。所以，领用国税发票的前提是纳税人已经没有地税发票了，也就不存在地税发票和国税发票同时使用的问题。

问：纳税人提供企业管理服务，与客户签订的合同是按季度收费，2016 年 6 月末收取第二季度管理费时，是全额开具国税发票还是按比例划分后分别开具地税发票和国税发票？

答：根据《财政部　国家税务总局关于全面推开营业税改征增值税试点的通知》（财税〔2016〕36 号）的相关规定，增值税纳税义务发生时间为纳税人发生应税行为并收讫销售款项或取得索取销售款项凭据的当天，因此，问题中提到的业务应全额开具增值税发票，不需要划分营业税和增值税的销售收入。

问：营改增试点的一般纳税人在 2016 年 5 月份发生业务，开具其结余的地税发票，在 2016 年 6 月纳税申报时，对应销售额应填写到《增值税纳税申报表附列资料（一）》的哪一栏？

答：这种情况下，纳税人在进行纳税申报时，对应销售额应填写到《增值税纳税申报表附列资料（一）》的"开具其他发票"栏。

问：营改增前发生的业务，因故未及时开具营业税发票的，营改增后怎么开票？

答：2016 年 5 月 1 日之前发生营业税业务并已经在主管地税机关申报营业税，营改增后仅仅是补开发票的，可在 2016 年 12 月 31 日前开具增值税普通发票，不得开具增值税专用发票。而过了 2016 年 12 月 31 日，企业如果还没有补开增值税普通发票，则不能再补开。

问：营改增前服务已经提供，发票也开给了对方企业，但营改增后因故需要对营业税发票进行冲红，怎么办？

答：这种情况下的冲红业务属于营改增之前的业务，是不能开具红字专用发票冲销营改增后产生的销售额的，可以向原地税机关申请退还营业税。

问：已纳入增值税发票管理新系统的纳税人是否可以领用通用定额发票和手工发票（百元版）？

答：已纳入增值税发票管理新系统的纳税人应按照规定使用增值税专用发票、增值税普通发票、机动车销售统一发票、增值税电子普通发票；对于确有需求如不便使用税控系统开票、小额收费等而使用增值税发票管理新系统的纳税人可以向主管国税机关申请领用通用定额发票或通用手工发票（百元版）。

问：物业公司代收代缴的水电费和维修基金等，在使用地税发票并缴纳营业税时是可以差额扣除的，但营改增后该怎么开票呢？

答：物业公司代收水电费，如果以公司的名义为客户开具发票，应按适用税率申报缴纳增值税。但在这一过程中需要注意，同时符合以下条件的代收代缴的水电费不属于物业公司的价外费用。

◆ 自来水公司或电力公司将发票开给客户。

◆ 物业公司将水电费发票转交给客户。

◆ 物业公司按自来水公司或电力公司实际收取的水电费与客户进行结算，也就是说，物业公司只起到帮忙缴水电费的作用，并没有从中收取差价。

误区
No.016

增值税免税能开具专用发票

增值税普通发票是与增值税专用发票对应的一种发票，它的格式、字体、栏次、代码和内容等与增值税专用发票完全一致，其价格由国家发改委统一制定。

按照税法的相关规定，增值税一般纳税人销售免税货物的，一律不得开具增值税专用发票（国有粮食购销企业销售免税粮食除外）。如果违反规定开具了专用发票，主管税务机关会对企业的销售额依照增值税适用税率全额征收增值税且不得抵扣进项税额，同时还会按照《中华人民共和国发票管理办法》及其实施细则的有关规定予以处罚。

但是，企业发生了销售业务，肯定要给购买方开出相应的凭证，尽管不能开具增值税专用发票，但可以开具增值税普通发票。而此时开具的普通发票金额应该是销售额和销项税额的合计数。

在开具增值税普通发票时，如果购买方是企业、非企业性单位（有纳税人识别号）和个体工商户，"购买方"栏的"名称"和"纳税人识别号"为必填项，其他项目根据实际业务情况需要进行填写；如果购买方是非企业性单位（没有纳税人识别号）和消费者个人，"购买方"栏的"名称"为必填项，其他项目可根据实际业务情况填写。如果消费者能将上述信息准确提供给企业（销售方），就可开具增值税普通发票，不需要向企业提供纳税人识别号、地址、电话、开户行及账号信息等，也不需要提供相关证件或其他证明材料。

🈂️ **知识加油站**

在市场经济中，企业之间开具增值税电子普通发票的情况数不胜数，于是，很多人就想知道，当收到增值税电子普通发票时是否可以入账。根据新修订的《会计档案管理办法》的规定，符合条件的电子发票可以电子形式保存，形成电子会计档案。根据《国家税务总局关于推行通过增值税电子发票系统开具的增值税电子普通发票有关问题的公告》，增值税电子普通发票的开票方和受票方需要纸质发票的，可自行打印增值税电子普通发票的版式文件，其法律效力、基本用途和基本使用规定等与国税机关监制的增值税普通发票相同。

误区
No.017

个人业务都可申请代开增值税专用发票

税法规定，主管税务机关可以为所辖范围内的增值税纳税人代开专用发票，但其他单位和个人不得代开。对已经办理税务登记的小规模纳税人可以代开增值税专用发票，对个人销售货物、提供劳务或提供应税服务的，只能代开增值税普通发票。

然而，个人在有些特殊情况下还是可以申请代开增值税专用发票的。比如，税法规定，增值税小规模纳税人销售其取得的不动产以及其他个人出租不动产，购买方或承租方不属于"其他个人"的，纳税人缴纳增值税后可以向地税局申请代开增值税专用发票。

某市的王女士是一个工薪族，因为新农村建设而分得了一套单元房。最近，王女士将该单元房出租给了一家公司，用作员工宿舍。而这家公司要求王女士开具增值税专用发票，王女士觉得自己的行为属于个人出租，不知道是否可以到税务机关申请代开增值税专用发票。于是，她想起了自己的邻居孙香是在税务局工作，就向其说明了自己的情况。

孙香向王女士说明了相关的税法规定，个人出租不动产，可以到税务机关代开增值税专用发票，但是个人发生的其他应税行为，税务机关是不会代开增值税专用发票的。

王女士心里有了底，决定去税务机关申请代开增值税专用发票。但是，到了当地的国税局后，工作人员告知王女士不能为其办理代开增值税专用发票的业务。王女士很纳闷，明明孙香告诉自己能够向税务机关申请代开增值税专用发票，为什么工作人员却说不能办理业务。

王女士只好作罢回家，到了小区门口刚好看到孙香，就把自己去税务机关办事的过程跟孙香说了一遍。孙香听后才知道，王女士去了当地的国税局。于是，又跟王女士强调了一遍，个人向税务机关申请代开增值税专用发票时要去地税局而不是国税局。王女士这才恍然大悟。

第二天，王女士很早就去了当地的地税局，向工作人员提供了相关的证明材料，顺利地拿到税务机关代开的增值税专用发票，最后将发票交给了租房的公司负责人。

由该案例可知，个人是可以向税务机关申请代开增值税专用发票的，但仅限于某些特殊情况和特殊业务。同时，个人向税务机关申请代开专用发票时，办理手续的税务机关是地税局，而不是国税局。

需要相关人员注意的是，如果税务机关代开的专用发票填写有误，税务机关的办事人员应及时在防伪税控代开票系统中作废并重新开具。代开专用发票后发生退票的，税务机关应按照增值税一般纳税人作废或开具负数专用发票的有关规定进行处理。对需要重新开票的，税务机关应同时进行新开票税额与原开票税额的清算，多退少补；对无须重新开票的，按有关规定退还增值税纳税人已缴的税款或抵顶下一期正常申报的税款。

由此可知，如果税务机关代开发票出现错误或出现退票等情况，纳税人可申请作废错误的专用发票，并且不会因此多缴纳税款。

另外，代开的增值税专用发票上应该加盖销售方的发票专用章，而不需要加盖税务机关代开发票专用章。而且，一般来说，代开的增值税专用发票统一使用六联专用发票，其中，第五联由代开发票岗位留存，以备发票的扫描补录，第六联交给税款征收岗位，用于代开发票税额与征收税款的定期核对，其他联次由增值税纳税人持有。

误区
No.018
代开增值税发票的各种误区

发票的代开是指没有开具发票资格的纳税人请求税务机关代为开具发票的行为，而这一行为本身具有独特性，所以涉税人员需要了解一些关于代开增值税发票的问题，避免走入纳税误区，给自己或公司带来不必要的麻烦，甚至是涉税风险。

误区一：各地代开发票的限额标准是统一的

税法对代开的增值税专用发票没有最低金额的限制，但有最高金额的限制，各地对于最高限额有不同的标准。

比如，广西壮族自治区的税务机关代开增值税专用发票时，最高开票限额统一设定为 100 万元；安徽省的各级国税机关为小规模纳税人代开增值税专用发票和货物运输业增值税专用发票，最高开票限额不超过 100 万元；四川省的各级国税机关为小规模纳税人代开增值税专用发票，最高开票限额不超过 10 万元；河北省各级主管税务机关代开增值税专用发票，最高开票限额原则上是 10 万元，但根据业务需要，可适当提高代开限额，即使如此，最高也不超过 100 万元。

误区二：代开发票就可代征城建税和教育费附加

代开发票是否代征城建税和教育费附加的问题，应由当地国税局、地税局自行协商，并且，国税局和地税局都有代开发票的权力。

根据代开发票的有关税法规定，经国税局、地税局协商，可由国税局为地税局代征有关税费。纳税人销售货物或应税劳务，按现行规定需由主管国税局为其代开增值税普通发票或专用发票，主管国税局应在代开发票并征收增值税的同时，代地税局征收省减税和教育费附加。而经协商不实行代征方式的，国税局、地税局要加强信息沟通，国税局应定期将小规模纳税人缴纳增值税的情况，包括国税局为其代开发票情况通报给地税局，这样地税局才能保证对有关地方税费的征收管理。

因此，是否代征城建税和教育费附加的问题应该由国税局、地税局自行协商。

误区三：税务机关代开专用发票时一定要代开销售清单

由相关税法的规定可知，一般纳税人销售货物或提供应税劳务的，可汇总开具增值税专用发票。汇总开具专用发票的，同时使用防伪税控系统开具《销售货物或者提供应税劳务清单》，但要加盖纳税人财务专用章或发票专用章。

因此，税务机关在代开增值税专用发票时应代开销货清单。部分地区对此做出了明确的规定，比如河北省、南京市等。但是在实际执行过程中，如果销售货物数量太多，代开清单会比较麻烦，所以部分地区规定可以由销货方自行填报清单，然后由税务机关将所代开发票的发票代码和号码填列到销货清单的相应栏中即可。

误区四：所有类型的纳税人都能申请代开增值税普通发票

根据《国家税务总局关于加强和规范税务机关代开普通发票工作的通知》的规定，以下单位和个人可以申请代开普通发票。

①凡是已经办理税务登记的单位和个人，应按规定向主管税务机关申请领购并开具与其经营业务范围相对应的普通发票。但在销售货物、提供应税劳务（服务）、转让无形资产、销售不动产及税法规定的其他商事活动（餐饮和娱乐业除外）中有如图 2-1 所示的情形之一的，可向主管税务机关申请代开普通发票。

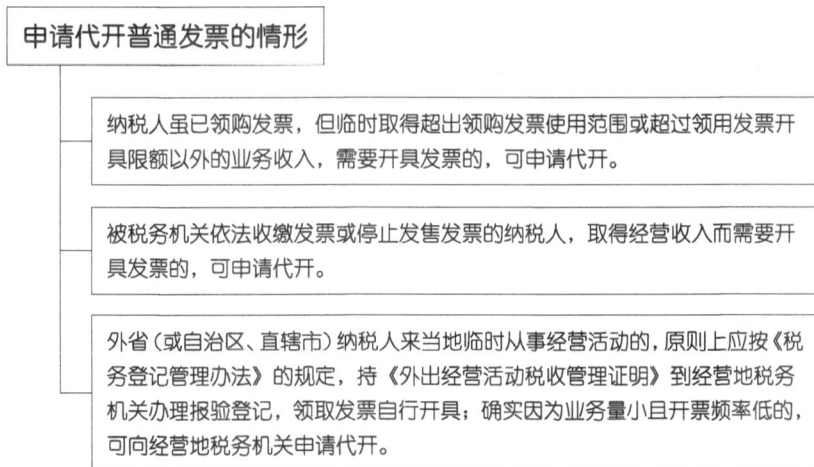

申请代开普通发票的情形

- 纳税人虽已领购发票，但临时取得超出领购发票使用范围或超过领用发票开具限额以外的业务收入，需要开具发票的，可申请代开。

- 被税务机关依法收缴发票或停止发售发票的纳税人，取得经营收入而需要开具发票的，可申请代开。

- 外省（或自治区、直辖市）纳税人来当地临时从事经营活动的，原则上应按《税务登记管理办法》的规定，持《外出经营活动税收管理证明》到经营地税务机关办理报验登记，领取发票自行开具；确实因为业务量小且开票频率低的，可向经营地税务机关申请代开。

图 2-1

②正在申请办理"五证合一"营业执照的单位和个人，在领取营

业执照前发生的业务收入需要开具发票的，纳税人（企业）可向主管税务机关申请代开发票。

③应办理税务登记而未办理的单位和个人，主管税务机关应依法给予处理。补办税务登记手续后，领取含有统一信用代码的营业执照前发生的业务收入，需要开票的，可向税务机关申请代开发票。

④依法不需要办理税务登记的单位和个人，临时取得收入而需要开具发票的，纳税人可向主管税务机关申请代开发票。

需要特别注意的是，餐饮和娱乐业的纳税人不能向税务机关申请代开增值税发票。

误区五：代开普通发票时要加盖收款方的发票专用章

由于大部分代开增值税普通发票的纳税人是没有办理税务登记的，自然就没有发票专用章，因此，代开的普通发票只需要加盖税务机关的代开发票专用章即可，不需要加盖收款方的发票专用章。

目前，代开发票专用章没有统一的样式，大部分地区的代开发票专用章为方形章，部分地区的代开发票专用章为椭圆形章。

误区
No.019

取得新三板企业的分红时个税有优惠

新三板企业是指中关村高新技术园区内进入代办股份转让系统挂牌交易的非上市股份有限公司，这类企业的特点是：规模总体偏小、经营运作良好、所属行业广泛、股权相对集中、以自然人股东为主、重视技术开发且具有核心竞争力。

对于企业来说，投资新三板企业既有可能为公司带来巨大财富，也有可能让公司面临巨大风险。投资新三板企业获得的收益需要缴纳相关的所得税。如果投资者通过合伙企业对新三板挂牌公司投资而取得了分红，那么分红的收益应该如何处理？是否存在税收优惠政策呢？

必须明确的是，合伙企业的个人股东取得来自新三板挂牌公司的分红所得，不属于经营所得，而属于股息红利所得。根据国税的相关规定：合伙企业对外投资分回的利息、股利或红利等，不得并入企业的收入中，而应该单独作为投资者个人取得的利息、股息和红利所得，按"利息、股息和红利所得"应税项目计算缴纳个人所得税。

但是，根据《财政部 税务总局关于上市公司股息红利差别化个人所得税政策有关问题的通知》的规定，个人从公开发行和转让市场取得的上市公司股票，持股期限超过一年的，股息红利所得暂免征个人所得税；个人从公开发行和转让市场取得的上市公司股票，持股期限在一个月以内（含）的，其股息红利所得全额计入应纳税所得额；持股期限在一个月以上、一年以内（含）的，暂减按 50% 计入应纳税所得额。这些情况下的所得，统一适用 20% 的税率计征个人所得税。

由上述相关规定可得到如下结论：一般情况下，个人投资新三板企业时获得的分红收益，应该缴纳个人所得税；而个人合伙人通过合伙企业向新三板挂牌公司投资而取得的股息红利，可积极争取按免征税费的优惠政策处理税务。

另外，根据相关文件的规定，挂牌公司派发股息红利时，对截至股权登记日个人已持股超过一年的，其股息红利所得直接由挂牌公司计算并代扣代缴税款；对截至股权登记日个人持股一年以内（含）且尚未转让的，税款分两步代扣代缴。

那么，投资者通过其他方式取得新三板企业的分红时，税务的处理又会有什么不同呢？具体对比情况见表 2-1。

表 2-1 　以其他方式取得新三板企业分红的纳税处理

方式	纳税处理
通过法人公司持有	持股期限超过 12 个月（含）时，法人免税；法人将股息红利分配给自然股东时，股息和红利所得按 20% 税率征收个人所得税。持股期限在 12 个月以内（不含）时，法人按适用税率正常缴税，一般居民企业为 25%；法人将股息红利分配给自然股东时，要按照"利息、股息和红利所得"，按 20% 税率计征个人所得税。除此之外，该方式下，企业还要缴纳增值税，若法人为一般纳税人，则以卖出价减去买入价后的余额为销售额，适用税率为 6% 计算销项税额；若法人为小规模纳税人，按卖出价和适用税率 3% 计征应纳税额
通过合伙企业持有	按个人所得税股息红利所得，缴纳 20% 的个人所得税。这种方式下，企业也需要缴纳增值税，若合伙企业为一般纳税人，以卖出价减去买入价后的余额为销售额，适用税率为 6% 计算销项税额；若合伙企业为小规模纳税人，则按卖出价和适用税率 3% 计征应纳税额

综合上述关于股息红利的相关政策和纳税处理细节可知，个人直接持股的，股息红利所得税税负最轻，通过合伙企业形式缴纳的税费金额相对高一些，而通过法人持有股票的方式，其税负最重。另外，个人直接持股时，股息红利所得不涉及增值税，而通过合伙企业形式和法人持有形式，其股息红利所得会涉及增值税负担，且两种情况下的增值税负担相同。

分开来看，对于合伙企业而言，无论合伙企业是否对合伙人进行分配，合伙人均需要按规定的税率就当年的生产经营所得和其他所得缴纳个人所得税；对于公司制法人而言，只要其当年不对股东分红，股东就可暂时不需要就股息红利所得缴纳个人所得税。也就是说，公司制法人相比合伙企业，可以延迟纳税。

误区
No.020
运输业的存在使货运专票还可继续使用

为规范增值税发票管理，方便纳税人发票使用衔接，国家税务总局发布了《关于停止使用货物运输业增值税专用发票有关问题的公告》，决定停止使用货物运输业增值税专用发票（以下简称货运专票）。同时，为了方便纳税人发票使用的衔接，规定货运专票最迟可使用至 2016 年 6 月 30 日，从 2016 年 7 月 1 日停止使用。

停止使用货物运输业增值税专用发票后，很多税务实务工作就需要引起企业和相关工作人员的注意，具体有以下一些方面。

◆ 除中国铁路总公司及其所属运输企业（含分支机构）以外的运输企业，自 2016 年 1 月 1 日起，最晚 2016 年 7 月 1 日起停止使用货运专票，各地执行的日期可能不同。

◆ 中国铁路总公司及其所属运输企业（含分支机构）提供货物运输服务，可从 2015 年 11 月 1 日起使用增值税专用发票和增值税普通发票，所开具的铁路货票和运费杂费收据等可作为发票清单使用。

◆ 停止使用货运专票后，货运专票不能作为进项抵扣凭证和企业所得税税前扣除凭证。

比如，某纳税人收到中国铁路总公司及其所属运输企业开具的开票日为 2016 年 1 月 6 日的货运专票，就不能抵扣进项和税前扣除，企业需要退回让对方重开，若开票日为 2015 年 12 月 31 日，则可以抵扣进项或税前扣除；收到一般的运输企业开具的开票日为 2016 年 7 月 6

日的货运专票，就不能抵扣进项和税前扣除，企业需要退回让对方重开，若开票日为 2016 年 6 月 30 日，则可以抵扣进项或税前扣除。

也就是说，国家对于货运专票的规范管理，中国铁路总公司及其所属运输企业会起带头作用，先行实施"停止使用货运专票"的规定；而其他一般的运输企业再陆续实施该规定。

纳税人需要注意，货运专票"停止使用"和"停止用于进项扣除和税前扣除"是不同的概念。货运专票停止使用是一个时点，即 2016 年 1 月 1 日和 2016 年 7 月 1 日；而货运专票停止用于进项扣除是停止使用时点以后的时间段，即开票日为 2016 年 1 月 1 日或 2016 年 7 月 1 日之后的日期，货运专票不能用于进项抵扣或税前扣除。

比如，某纳税人取得一张中国铁路总公司及其所属运输业开具的货运专票，开票日为 2015 年 12 月 31 日，但是其税务处理在 2016 年 1 月，此时，该类货运专票已经停止使用，但该纳税人获得的该张货运专票还能通过认证并进行进项抵扣或税前扣除。

误区
No.021

打印的电子发票均可作为税前扣除凭证

发票是税前扣除的合法有效凭证之一，除发票以外，原始凭证和记账凭证也能作为税前扣除凭证，比如银行收入款通知单、企业购销商品取得的发货票、领料单、成本计算单以及出库单等。

综上所述，税前扣除的合法有效凭证包括套印税务机关发票监制章的发票和经省级税务机关批准不套印发票监制章的专业发票、财政票据、境外签收单据或公证机构证明、工会经费收入专用收据及公益性捐赠票据等外来凭证和财政部门与税务部门认可的其他凭证。

在税务实务工作中，很多纳税人会收到打印的电子发票。针对这类发票，大多数人不知道其是否能作为税前扣除凭证，导致纳税工作不能顺利进行，企业也可能因此多交税费。

问：打印的电子发票究竟能不能作为税前扣除凭证呢？

答：增值税电子普通发票的开票方和受票方需要纸质发票的，可自行打印增值税电子普通发票的版式文件，其法律效力、基本用途和基本使用规定等与税务机关监制的增值税普通发票相同。由此可知，不是所有的电子发票在打印出来以后就能作为税前扣除凭证，比如增值税专用发票，其电子发票打印出来后不能作为税前扣除凭证。

增值税电子发票运用较广的行业主要是电商、电信、快递和公用事业等。这些行业，涉及最多的就是电子发票，而作为这些企业的客户，在收到开具的电子发票时，可根据实际需求，将电子发票打印出来成为纸质发票，同样具有税前扣除的效力。

纳税人获得开具的电子普通发票，可自行打印成彩色或黑白的发票，作为税前扣除的有效凭证。一般来说，电子发票票面上有套印的发票专用章，纳税人直接打印出来就可使用，不需要再另外加盖红色的发票专用章。

另外，一些发票的复印件也能作为进项抵扣或税前扣除的凭证使用，如下面的一些复印件。

异地游客的返程机车船票的复印件。根据国家税务总局的相关规定，鉴于旅行社为异地游客购买的返程机车船票等因游客使用后无法收回，所以旅行社提供的为异地游客购买的返程机车船票复印件可以作为税前扣除的适当凭据，主管税务机关可根据管理需要，要求纳税人附送证明其支出实际发生的其他有关资料。但是个人或集体旅游等消费性质的机车船票，均不得在其受雇或投资的企业作为企业费用在税前扣除，否则会出现同一笔费用在税前重复扣除的问题。

购房发票或收据的存根联复印件。根据国家房改政策购买的公有住房对外销售并申请差额缴税的，若原购房发票或收据丢失，则可凭原售房单位提供的发票或收据的存根联复印件（需售房单位加盖公章）作为抵扣凭证。

发票丢失后形成的存根联或记账联复印件。企业丢失已开具且有明确付款单位名称的普通发票（发票联），在发票开具方无法重复开具发票时，企业应在发现发票丢失的 5 个工作日内书面报告其主管税务机关，并登报声明作废，然后向开具方索取曾于某年某月某日开具某某发票的证明，注明取得发票单位名称、购货或服务的单位数量、单价、规格、大小写金额、发票字轨、发票编码以及发票号码等，或要求开具方提供所丢失发票的存根联或记账联复印件，经主管税务机关审核后，可作为记账凭证入账以及进项抵扣或税前扣除凭证。

丢失发票联和抵扣联后形成的记账联复印件。一般纳税人丢失已开具专用发票的发票联和抵扣联，若丢失前未认证，则购买方凭销售方提供的相应专用发票记账联复印件进行认证，认证相符的，可凭专用发票记账联复印件和销售方主管税务机关出具的《丢失增值税专用发票已报税证明单》，作为增值税进项税额的抵扣凭证。其中，专用发票记账联复印件和证明单须留存备查。

丢失抵扣联后形成的发票联复印件。一般纳税人丢失已开具专用发票的抵扣联，若丢失前已认证相符，则可使用专用发票的发票联进行进项抵扣，而发票联复印件留存备查；若丢失前未认证，则可使用专用发票的发票联认证并进行进项抵扣，专用发票的发票联复印件须留存备查。

丢失发票联后形成的抵扣联复印件。一般纳税人丢失已开具专用发票的发票联时，可将专用发票抵扣联作为记账凭证进行进项抵扣，而抵扣联复印件须留存备查。

水、电费发票的复印件可作为税前扣除凭证。企业或个人共用水、电，无法取得水、电发票的，应以双方的租用合同、电力和供水公司出具给出租方的原始水、电发票或复印件，或经双方确认的用水、用电量分割单等凭证，据实进行税前扣除。

由上可知，很多电子发票在经过打印或复印后，同样能作为进项抵扣或税前扣除凭证。但需要注意的是，打印的电子发票具有与税务机关监制的增值税发票同等效力的是普通发票，而专用发票一般只能凭借特定的联次复印件作为进项抵扣或税前扣除凭证。

误区
No.022

一个企业在同一时期只可采用简易计税和一般计税方法中的其中一种

很多人认为，一个企业只能有一种计税方法，目的是规范企业的税务工作。但在实际税务中，一个企业是可以按照不同的应税项目分别选择一般计税办法和简易计税办法的，即企业可同时采用简易计税和一般计税方法计算应纳税额。

统一纳税人在简易计税办法和一般计税办法共存的情况下，进项税额的划分是税务工作的重点，其中涉及如下计算公式。

不得抵扣的进项税额 = 当期无法划分的全部进项税额 ×（当期简易计税办法计税项目销售额 + 免征增值税项目销售额）÷ 当期全部销售额

也就是说，一般纳税人在进项税额既用于一般计税方法的项目，又用于简易计税方法的项目，从而存在无法划分的情况时，可利用上述计算公式计算不得抵扣的进项税额。而如果能准确判断进项税额专用于一般计税方法项目或简易计税方法项目，则对应的进项税额要么全部抵扣，要么不予抵扣。另外，纳税人购入固定资产、无形资产（不包括其他权益性无形资产）和不动产等的进项税额，如果既用于一般计税方法项目又用于简易计税方法项目，则不需要划分，全部准予抵扣。

下面来看一下企业中存在的常见的简易计税方法与一般计税方法共存的情况。

①原增值税一般纳税人，对销售货物或提供劳务按一般计税方法，依照 17% 或 13% 的税率计税，而同时，对使用过的固定资产（增值税条例规定不得抵扣且未抵扣进项税额）可选择简易计税办法，依照 3% 的征收率或减按 2% 的税率计算缴纳增值税。

②"营改增"下的电信业，提供基础电信服务的税率为 11%，提供增值电信服务的税率为 6%。在 2015 年 12 月 31 日前，境内单位中的一般纳税人通过卫星提供的语音通话服务、电子数据和信息的传输服务等，可选择按简易计税办法按 3% 的征收率计算缴纳增值税。

③在"营改增"后，建筑业和房地产业中的在 2016 年 4 月 31 日之前的老项目，可选择简易计税办法计缴增值税，其中，房地产业增值税征收率为 5%，建筑业为 3%；而 2016 年 5 月 1 日及以后开工的项目，

则按一般计税办法 11% 税率计算应缴纳增值税。

④生产销售混凝土的纳税人，其商用混凝土可选择简易计税办法计缴增值税，但其提供的运输和装卸服务等，要依照一般计税方法 11% 或 6% 税率计算应缴纳增值税。

另外，如果企业兼营多种项目，且其中有的项目适用一般计税方法，有的项目适用简易计税方法，在此种情况下，企业也可同时采用简易计税办法和一般计税办法计算应缴纳的增值税税额。

误区
No.023

一般纳税人的简易计税项目不可开具专票

2016 年 5 月 1 日全面"营改增"政策启动后，允许部分一般纳税人选择简易计税办法。但问题也就出现了，一般纳税人使用简易计税办法时能否开具增值税专用发票？增值税专用发票的接收方是否能抵扣进项税额等？

答案是肯定的。增值税专用发票是一般纳税人向购买方开具的合法凭证，专用发票管理办法中没有规定不能开具的，都可以开具增值税专用发票，不管是采用一般计税办法还是简易计税办法。而规定不能开具增值税专用发票情况的有以下 8 种。

◆ 接受公共交通运输服务。

◆ 劳务派遣服务（含安全保护服务）选择差额纳税的纳税人，向用工单位收取用于支付给劳务派遣员工的工资、福利和为其办理社会保险及住房公积金的费用支出业务。

◆ 人力资源外包服务，向委托方收取并代为发放的工资和代理缴纳的社会保险及住房公积金等业务。

◆ 销售营改增前购买的固定资产适用简易计税的情况。

◆ 销售使用过的固定资产适用简易计税,且按征收率3%或减按2%征税的业务。

◆ 小规模纳税人销售自己使用过的固定资产,应开具普通发票,不得由税务机关代开增值税专用发票。

◆ 纳税人销售旧货,应开具普通发票,不得自行开具或由税务机关代开增值税专用发票。

◆ 属于一般纳税人的单采血浆站销售非临床用人体血液,可按简易办法依照 3% 征收率计算应纳税额,但不得对外开具增值税专用发票。

一般纳税人适用简易计税办法,可以开具增值税专用发票的,主要有：动漫企业、电影放映服务、仓储服务、装卸搬运服务、收派服务、文化体育服务、经营租赁服务、有形动产租赁、建筑服务、销售不动产、不动产经营租赁服务、特定企业提供金融服务收入、特定企业取得的利息收入、转让 2016 年 4 月 30 日前取得的土地使用权、融资租赁服务、非学历教育以及中国农业发展银行总行及其各分支机构提供涉农贷款取得的利息收入。

另外,提供物业管理服务的纳税人向服务接收方收取的自来水费,以扣除其对外支付的自来水费后的余额为销售额,按简易计税办法依照 3% 征收率计算缴纳增值税的,允许全额开具增值税专用发票。

接收方属于一般纳税人的,取得简易计税开具的增值税专用发票时,是可以按照相关规定抵扣进项税额的。

误区
No.024

简易征收不可抵扣进项税额

除财政部、国家税务总局特殊规定外，简易征收项目可开具增值税专用发票。只要纳税人将成本中用于简易项目和适用税率分开核算，适用税率部分的成本取得专用发票认证通过后均可抵扣，比如建筑业的新老项目。所以，"简易征收不可抵扣进项税额"的说法是错误的。

也就是说，当企业有按简易计税办法计算应纳税额的情况时，只要进行分开核算，那么取得增值税专用发票的项目就可进行进项税额的抵扣。

某企业销售 2016 年 3 月购置的固定资产，按简易计税办法 4% 的征收率减半征收，销售额为 75 万元（不含税），需纳税 1.5（75×2%）万元。而当期"日常销售期初 + 销项 − 进项"的期末结余 3 万元（即转出多交增值税）。那么，这 1.5 万元按简易办法需缴纳的增值税可以与结余的 3 万元相抵，留抵下月再缴吗？

根据相关税法规定，1.5 万元不能与结余的 3 万元相抵。因为简易征收办法与按适用税率计算增值税属于不同的增值税计算方法，简易征收办法计算出的增值税是企业的应纳增值税税额，而不是销项税额。

因此，企业应在《增值税纳税申报表》附表二中的"对应的 4% 征收率"栏销售额填列 750000 元、应纳税额填列 30000 元；而该栏对应小计栏销售额为 750000 元、应纳税额为 30000 元。同时，在《增值税纳税申报表》主表的"按简易征收办法征税货物销售额"栏的本月数填列 750000 元，"简易征收办法计算的应纳税额"栏的本月数填列

30000 元，"应纳税额减征额"栏的本月数填列 15000 元，"应纳税额合计"栏的本月数填列 15000 元。

事实上，简易征收方式下的分开核算就是我们熟知的差额纳税。下面通过一个具体的案例来了解差额纳税的处理过程。

S 建筑公司为一般纳税人，采用简易计税方式收取业主全部工程款 150 万元（含税），而自建部分成本为 24 万元，支付给 Q 公司分包款 120 万元（含税）。S 建筑公司向业主开具了增值税专用发票。

S 建筑公司按差额计算税额申报：

应纳增值税 =（1500000-1200000）÷（1+3%）×3% ≈ 8737.86（元）

计算发票金额（不含税）和税额：

税额 = 1500000÷（1+3%）×3% ≈ 43689.32（元）

金额 = 1500000-43689.32 = 1456310.68（元）

业主取得增值税专用发票后，可以抵扣的进项税额应包括在全部工程的增值税中，即可抵扣的进项税额为 43689.32 元。按照上述金额和税额开具增值税专用发票，建筑业差额纳税属于可以全额开具增值税专用发票的情况。S 建筑公司的账务处理如下。

收取业主工程款时：

工程结算金额 = 1500000-8737.86 = 1491262.14（元）

借：银行存款　　　　　　　　　　　　1500000

　　贷：工程结算　　　　　　　　　　　1491262.14

　　　　应交税费——未交增值税　　　　　8737.86

支付 Q 公司分包款时：

借：工程施工——合同成本　　　　　　1200000

　　贷：银行存款　　　　　　　　　　　1200000

工地发生成本费用时：

借：工程施工——合同成本　　　　　240000

　　贷：原材料等　　　　　　　　　　240000

确认收入和费用时：

主营业务成本 = 1200000+240000 = 1440000（元）

借：主营业务成本　　　　　　　　　1440000

　　工程施工——合同毛利　　　　　　51262.14

　　贷：主营业务收入　　　　　　　　1491262.14

如果企业针对简易计税方法设置了专门的会计科目，如"应交税费——应交增值税（简易计税）"，那么通过该科目归集后再结转至"应交税费——未交增值税"的处理，也符合会计核算的要求。

误区
No.025
文化事业建设费都有税收优惠

为了促进文化事业的发展，我国制定了文化事业建设费政策及征收管理办法，以规范文化事业建设费用的开支和税收征管制度。主要内容如下：

①在中华人民共和国境内提供广告服务的广告媒介单位和户外广告经营单位，应按照《关于营业税改征增值税试点有关文化事业建设费政策及征收管理问题的通知》的规定缴纳文化事业建设费。该通知自 2016 年 5 月 1 日起执行。

②中华人民共和国境外的广告媒介单位和户外广告经营单位在境内提供广告服务，在境内未设有经营机构的，以广告服务接受方为文化事业建设费的扣缴义务人。

③缴纳文化事业建设费的单位应按照提供广告服务取得的计费销售额和3%费率计缴费额。其中，计费销售额为纳税义务人提供广告服务取得的全部含税价款和价外费用的和，减去支付给其他广告公司或广告发布者的含税广告发布费（取得增值税专用发票或其他合法有效凭证才能减除）后的余额。

④按规定扣缴文化事业建设费的，扣缴义务人应按"应扣缴费额 = 支付的广告服务含税价款 × 费率"计算公式计算应扣缴费额。

⑤文化事业建设费的缴纳义务发生时间、地点和缴纳期限等，与缴纳义务人的增值税纳税义务发生时间、地点和缴纳期限相同。

⑥月销售额不超过两万元（含）的小规模纳税人企业和非企业性单位提供的应税服务，免征文化事业建设费。自2015年1月1日起至2017年12月31日，对按月纳税的月销售额不超过3万元（含）或按季纳税的季度销售额不超过9万元(含)的纳税人，免征文化事业建设费。

⑦营改增后的文化事业建设费由国家税务局征收，营改增试点中文化事业建设费的预算科目、预算级次和缴库办法等，参照《财政部关于开征文化事业建设费有关预算管理问题的通知》（财预字〔1996〕469号）的规定执行。

⑧文化事业建设费纳入财政预算管理，用于文化事业建设。

⑨《关于营业税改征增值税试点有关文化事业建设费政策及征收管理问题的通知》所称的广告服务，是指《财政部　国家税务总局关于全面推开营业税改征增值税试点的通知》（财税〔2016〕36号）"销售服务、无形资产、不动产注释"中"广告服务"范围内的服务；所称广告媒介单位和户外广告经营单位，是指发布、播映、宣传、展示户外广告和其他广告的单位，以及从事广告代理服务的单位。

采购与投资活动的增值税处理

企业进行物资采购或对外投资时，发生费用支出，会收到外部单位开具的增值税发票，此时对于企业来说，增值税进项税额的抵扣问题是税务工作的重中之重。因此，财会人员需要了解采购和投资活动中增值税的处理误区以及规避误区的相应办法，为做好企业税务工作奠定基础。

误区
No.026

被认定为一般纳税人前的进项税额不能抵扣

这一说法是不正确的，是典型的纳税误区。根据《国家税务总局关于纳税人认定或登记为一般纳税人前进项税额抵扣问题的公告》可知：纳税人自办理税务登记，至认定或登记为一般纳税人期间，未取得生产经营收入，未按照销售额和征收率简易计算应纳税额和申报缴纳增值税的，其在此期间取得的增值税扣税凭证，可以在认定或登记为一般纳税人之后抵扣进项税额。

如果上述增值税扣税凭证按照现行规定无法办理认证或稽核比对的，则按以下规定处理。

①购买方纳税人取得的增值税专用发票，按照《国家税务总局关于推行增值税发票系统升级版有关问题的公告》（国家税务总局公告2014年第73号）规定的程序，由销售方纳税人开具红字增值税专用发票后，重新开具蓝字增值税专用发票。而购买方纳税人按照该规定填开《开具红字增值税专用发票信息表》或《开具红字货物运输业增值税专用发票信息表》时，选择"所购货物、劳务或服务不属于增值税扣税项目范围"。

②纳税人取得的海关进口增值税专用缴款书，按照《国家税务总局关于逾期增值税扣税凭证抵扣问题的公告》（国家税务总局公告2011年第50号）规定的程序，经国家税务总局稽核比对，相符后抵扣进项税额。

认定为一般纳税人之前发生的增值税进项税额，要想获得抵扣，必须满足两个条件。

◆ 未取得生产经营收入。

◆ 未按照销售额和征收率简易计算应纳税额并申报缴纳增值税。

也就是说，在认定或登记为一般纳税人之前发生的进项税额，在没有收入，也没有按照简易征收方式计算、缴纳并申报增值税时，可以抵扣，且是在取得一般纳税人资格（认定为一般纳税人）之后认证抵扣。

问：如果取得了收入且发生了纳税义务该怎么办？

答：如果在认定为一般纳税人之前，企业已经取得了经营收入，发生了纳税义务，则应按小规模纳税人简易征收并计算应缴纳的税款。同时，在认定为一般纳税人之前发生的进项税额，在认定为一般纳税人之后将不能再抵扣。

问：取得了收入但没有缴纳税款该怎么办？

答：如果企业取得了经营收入，但没有按简易计税办法缴税的，也不能在认定为一般纳税人之后抵扣认定之前发生的进项税额。

误区
No.027

在经营本地发生的住宿费不能抵扣进项税

事实上，在经营本地发生的住宿费是可以进行进项税额抵扣的，具体要看住宿费的产生原因。在实务中，用于集体福利或个人消费而发生的住宿费不能抵扣进项税额，比如，企业年会属于福利费，发生的住宿费不能抵扣进项税额；企业招待费中的住宿费不能抵扣进项税额。

而上述文件规定中并没有明确，企业在自己经营地或注册地发生的住宿费，在取得增值税专用发票后不能抵扣进项税额。也就是说，企业发生的住宿费取得增值税专用发票能否抵扣，是看住宿费的最终用途，而不是住宿费的发生地。

比如，某企业一般纳税人的经营地在北京朝阳区，其临时经营业务发生在海淀区，业务进行过程中出差人员的住宿费取得了增值税专用发票。该住宿费虽然发生在其经营地北京市，但其用途为出差人员的住宿费，所以，该增值税专用发票可作为扣税凭证，而按照相关规定，该项业务产生的进项税额能进行抵扣。

又如，某企业一般纳税人的经营地在北京延庆区，某段时间需要员工加班，因而在公司附近发生了住宿费，并且取得了增值税专用发票。虽然该住宿费发生在公司经营地附近，但其属于正常经营的加班费用性质，不属于职工福利，所以，该项住宿费对应的增值税进项税额可以抵扣。

换句话说，发生在经营本地的住宿费，只要不是用于集体福利、个人消费或者应酬交际，在取得增值税专用发票的情况下都可以抵扣进项税额；而发生在经营地以外的住宿费，只要不是用于集体福利、个人消费或应酬交际，在取得增值税专用发票的情况下也能抵扣进项税额。比如，员工正常外出考察和学习发生的住宿费、职工教育经费中发生的住宿费以及企业正常的工作会议发生的住宿费等，取得增值税专用发票认证后，可以按规定抵扣进项税额。

但是，无论是发生在经营地还是经营地以外的地方住宿费，如果是用于集体福利或个人消费，即使取得增值税专用发票也不能抵扣进项税额。比如，组织员工福利性质旅游活动发生的住宿费和企业年会发生的住宿费等，不能抵扣进项税额。需要特别注意的是，"营改增"之前发生的住宿费，即使取得了增值税专用发票，进项税额也不得从销项税额中抵扣。

问：超标的住宿费是否能抵扣进项税额？

答：超标的住宿费不是企业负担的支出，也就不属于一般纳税人的"购进货物、加工修理修配劳务、服务、无形资产或不动产"范畴，而属于个人消费金额，所以其对应的进项税额不得抵扣。

某出差人员回到公司后报销住宿费，拿出了 636 元的增值税专用发票，若按公司标准，最高应报销 530 元，即最高可报销出差住宿费 500 元，对应增值税税额为 30 元，而实际上发生了 600 元的出差住宿费，对应增值税税额为 36 元。由于多余的住宿费不能进行进项税额抵扣，所以这多出的 100 元住宿费和对应的 6 元进项税额需要做特殊处理。

员工取得 636 元的住宿费专用发票，由于是"一张"专票，原则上是要"全额"认证的。但由于超标的 106 元不能抵扣进项税额，所以，企业需要将 6 元的进项税额进行转出。涉及的会计分录如下。

借：管理费用——差旅费　　　　　　　　　　500

应交税费——应交增值税（进项）　　　　36

贷：银行存款 / 库存现金　　　　　　　　　　530

应交税费——应交增值税（进项税额转出）　6

问：与餐饮费开在一张发票上的住宿费进项税额能否抵扣？

答：与餐饮费开在一张发票上的住宿费的进项税额可以单独进行抵扣。此时，先对发票进行全额认证，之后将餐饮费对应的税额进行进项税额转出。

某员工出差回公司报销差旅费，取得一张增值税专用发票，发票上显示餐饮费金额为 400 元，税额为 24 元，住宿费金额为 500 元，税额为 30 元。根据相关规定，该发票上的住宿费对应的税额是可以进行进项税额抵扣的，但餐饮费却不能抵扣进项税额。

此时，企业需要对该发票进行全额认证，然后将餐饮费对应的 24 元税额做进项税额转出。相关账务处理如下。

实际管理费用 = 400+24+500 = 924（元）

票面全部税额 = 24+30 = 54（元）

借：管理费用——差旅费   924

    应交税费——应交增值税（进项）   54

  贷：银行存款 / 库存现金   954

    应交税费——应交增值税（进项税额转出）   24

误区
No.028

取得增值税专用发票就可抵扣进项税额

根据《财政部 国家税务总局关于全面推开营业税改征增值税试点的通知》（财税〔2016〕36 号）和《附件 1：营业税改征增值税试点实施办法》的规定，下列项目即使取得了增值税专用发票，其对应的进项税额也不得从销项税额中抵扣。

①用于简易计税方法计税项目、免征增值税项目、集体福利或个人消费等。其中，涉及的无形资产、不动产、专利技术、非专利技术、商誉、商标、著作权和有形动产租赁等，仅指专用于简易计税方法计税、免征增值税、用于集体福利或个人消费的无形资产、不动产、专利技术和非专利技术等。另外，纳税人的交际应酬消费属于个人消费。

②非正常损失的购进货物以及相关的加工修理修配劳务和交通运输服务。

③非正常损失的在产品和产成品所耗用的购进货物（不包括固定资产）、加工修理修配劳务和交通运输服务等。

④非正常损失的不动产以及相应不动产耗用的购进货物、设计服务和建筑服务等。

⑤非正常损失的不动产在建工程所耗用的购进货物、设计服务和建筑服务等。纳税人新建、改建、扩建、修缮和装饰不动产等都属于不动产在建工程。

⑥购进的旅客运输服务、贷款服务、餐饮服务、居民日常服务和娱乐服务等。

⑦餐饮住宿服务属于现代服务征税范围的"生活服务"，包括餐饮服务和住宿服务。餐饮服务是指同时提供饮食和饮食场所的方式为消费者提供饮食消费服务的业务活动；住宿服务是指提供住宿场所及配套服务等的活动，如宾馆、旅馆、旅社、度假村和其他经营性住宿场所提供的住宿服务。

⑧国务院财政、税务主管部门规定的纳税人自用消费品。

⑨用于非增值税应税项目、免征增值税项目、集体福利、个人消费以及非正常损失的在产品或产成品所耗用的购进货物或应税劳务等，发生的运输费用和销售免税货物的运输费用。

增值税专用发票只是抵扣进项税额的"凭证"之一，根据上述规定可知，即使取得增值税专用发票，如果属于上述规定的不得从销项税额中抵扣的情形，则也不能抵扣进项税额。比如，企业租用一辆大客车专用作职工上下班的班车，租车费用即使取得了增值税专用发票，因属于用于集体福利购进应税服务，也不能抵扣进项税额；又如，企业自行购买用于办公场所的装修材料，即使取得了增值税专用发票，因属于非增值税应税项目购进货物，所以也不能抵扣进项税额。

由此可知，"取得增值税专用发票就可抵扣进项税额"的说法是不正确的，财会人员要注意避免走入该纳税误区。

知识加油站

当企业收到的增值税专用发票经过税务机关认证相符后，企业可能面临两种实际纳税情况：一是当期销项税额大于或等于当期进项税额，则发票上的进项税额需要在当期进行抵扣；二是当期销项税额小于当期进项税额，此时销项税额不足以抵扣进项税额，则不足以抵扣的进项税额部分可结转到下期继续抵扣。当第二种情况发生时，企业申报缴纳税款的人员需要将结转下期抵扣的进项税额填写在《增值税纳税申报表》附表二中的"认证相符本期抵扣"栏中，相应地，要减少"待抵扣进项税额／期初已认证相符但未申报抵扣"栏的原本金额。

误区
No.029

"失控发票"均不能用于抵扣进项税额

失控发票是指防伪税控企业丢失了被盗金税卡中未开具的专用发票，以及被列为非正常户的防伪税控企业未向税务机关申报或未按规定缴纳税款的增值税专用发票。失控发票的存在表明发票有问题，或者是开具相应发票的企业有问题。

根据《国家税务总局关于金税工程增值税征管信息系统发现的涉

嫌违规增值税专用发票处理问题的通知》的相关规定，属于"重复认证""密文有误""认证不符""认证时失控"或"认证后失控"的发票，暂不得作为增值税进项税额的抵扣凭证，税务机关将扣留原件，并移送稽查部门作为案源进行查处。

经税务机关检查确认，属于税务机关责任和技术性错误造成的失控发票，允许作为增值税进项税额的抵扣凭证；不属于税务机关责任和技术性错误造成的失控发票，不得作为增值税进项税额的抵扣凭证。

其中，属于税务机关责任的，由税务机关误操作的相关部门核实后，区县级税务机关出具书面证明；属于技术性错误的，由税务机关技术主管部门核实后，区县级税务机关出具书面证明。

根据《国家税务总局关于失控增值税专用发票处理的批复》的规定，购买方主管税务机关对认证发现的失控发票，应按规定移交稽查部门组织协查，这时存在以下两种情况。

◆ 属于销售方已申报并缴纳税款的，可由销售方主管税务机关出具书面证明，并通过协查系统回复购买方主管税务机关，此时，相应的失控发票可以作为购买方抵扣增值税进项税额的凭证。所以，纳税人正常经营且存在真实交易的，如果增值税发票被认定为失控发票，一方面应按要求将发票的抵扣联原件报税务机关（若已经申报抵扣，还要将进项税额转出）；另一方面及时联系销售方，核实造成发票失控的真正原因。

◆ 如果属于未向税务机关申报或未按规定缴纳税款的，应督促其依法申报缴纳税款，经税务机关核实已申报并缴纳税款后，也将允许失控发票作为增值税进项税额的抵扣凭证。如果发现销货方存在违规行为或不履行其纳税义务的，知情人应主动向税务机关举报，协助税务机关追缴税款。

所以，失控发票能否进行进项税额抵扣，关键在于造成失控发票的责任人是谁，即责任不在企业或企业职工身上的（属于税务机关责任或技术性错误），失控发票可用作进项税额抵扣凭证；而责任在企业或企业员工身上的，失控发票就不能作为进项税额的抵扣凭证。

问：开票方走逃，其开具过的增值税专用发票都是失控发票吗？

答：产生失控发票的原因主要有四个，一是纳税人逾期未抄报开票数据；二是纳税人丢失增值税专用发票，导致抄报信息不包含丢失发票的号段；三是纳税人丢失防伪税控抄报税介质，如税控卡或税控盘，导致无法抄报税；四是纳税人走逃而不抄报开票信息。我们容易走入的误区是，认为只要纳税人走逃，其开具过的发票就成为失控发票，这会扩大失控发票的范围，错将失控发票理解成为"失控企业"开具的发票。正确理解应为，开票方走逃后，没有进行抄报工作的发票属于失控发票。

问：被认定为失控发票，就不能作为企业所得税税前扣除凭证吗？

答：《发票管理办法》中规定，不符合规定的发票不得作为财务报销凭证，不得作为税前扣除凭据。很多人误认为失控发票不能作为企业所得税税前扣除凭证，其实是错误地把失控发票当成了"不符合规定的发票"。而失控发票的本质只是脱离了防伪税控系统监管，但不等于失控发票的开具和使用就一定违反了《发票管理办法》及实施细则。也就是说，如果受票方企业取得的失控发票形式要素完备，且税务机关没有证据证明发票反映的交易信息和实际交易情况不一致，则失控发票就不存在"不符合规定"的情形，也就可以作为企业所得税税前扣除凭证。

误区
No.030

关于发票上的盖章问题

在工作实务中，相关人员可能遇到发票上的盖章不清楚、只盖了财务章以及发票专用章盖反了等情况。为了避开相应的纳税误区，财会人员需要认清发票上的盖章问题。

问：发票上盖了发票专用章，但盖得不清楚，怎么办？

答：很多人认为可以在旁边补盖一个清楚的章，这种做法是不可以的。根据《中华人民共和国发票管理办法》的相关规定，开具发票应按照规定的时限、顺序和栏目，全部联次一次性如实开具，并在发票联和抵扣联加盖发票专用章。由于"一次性"如实开具，所以只允许在发票上加盖一个发票专用章，如果没盖清楚，不允许在旁边加盖第二个发票专用章。

针对这种情况，应由开票方的国税机关出具不予认证的证明，然后将证明传给受票方。开票方在专用发票认证期限内，向主管税务机关填报申请表，并填写具体原因以及相应蓝色专用发票的信息，同时由受票方出具含有拒收理由的材料，开票方的税务机关就可开具通知单，通知开票方企业可以开具红字发票，重新开具符合规定的增值税专用发票即可。

问：发票可以盖财务专用章或企业公章吗？

答：不可以。根据《中华人民共和国发票管理办法》中的相关规定，发票应当加盖发票专用章。

问：发票既盖了发票专用章，又盖了财务专用章，可以吗？

答：不可以。发票上只需加盖发票专用章。

问：发票上的发票专用章盖反了（字朝下），发票还有效吗？

答：发票仍然有效。

问：发票未按规定加盖发票专用章，会有什么影响吗？

答：根据《中华人民共和国发票管理办法》的相关规定，未加盖发票专用章的，由税务机关责令改正，可处一万元以下的罚款，有违法所得的将予以没收。

问：发票的记账联需不需要盖章？

答：根据《中华人民共和国发票管理办法实施细则》的相关规定，单位和个人开具的发票，需要在发票联和抵扣联加盖发票专用章，而记账联不需要盖章。

问：代开的发票怎么盖章？

答：代开的增值税专用发票，需要收款方加盖发票专用章，而不需要加盖税务机关代开发票专用章；代开的普通发票必须加盖税务机关的代开发票专用章，不需要加盖收款方的发票专用章。

问：发票专用章名称与销售方名称不一致时，该发票是否一定有问题？

答：不一定。如果企业委托税务机关代征税款，且税务机关为企业代开的是增值税普通发票，则应加盖受托代征单位的发票专用章（即税务机关的代开发票专用章），此时发票专用章名称与实际销售方企业的名称就会不一致，属于正常现象。但如果不是因为代开的原因造成的发票专用章名称与销售方名称不一致，其发票有可能存在问题。

问：《机动车销售统一发票》对盖章有什么特殊规定？

答：根据《国家税务总局关于使用新版机动车销售统一发票有关问题的通知》的规定，《机动车销售统一发票》应在发票联加盖发票专用章，抵扣联和报税联不得加盖印章。

问：发票上的发票专用章盖错了，应该怎么处理？

答：开票方应对盖错章的发票进行作废或冲红处理，不得在旁边重新加盖正确的发票专用章。

误区
No.031

只有一般纳税人才填报《增值税减免税申报明细表》

"只有一般纳税人才填报《增值税减免税申报明细表》"的说法是不正确的，但实际税务处理工作中很多人都是这么认为的，这就形成了一个纳税误区。

事实上，根据《国家税务总局关于调整增值税纳税申报有关事项的公告》（2015 年第 23 号）的规定，在增值税纳税人申报其他资料中增加《增值税减免税申报明细表》，并且享受增值税减免税优惠政策的一般纳税人和小规模纳税人在办理增值税纳税申报时，都需要填报《增值税减免税申报明细表》。

针对填报《增值税减免税申报明细表》的问题，很多人还会走入另一个纳税误区：认为所有增值税减免税享有情形都需要填报《增值税减免税申报明细表》。

其实不然，根据《关于调整增值税纳税申报有关事项的公告》（国家税务总局公告 2015 年第 23 号）的规定，享受月销售额不超过 3 万元（按季纳税不超过 9 万元）免征增值税政策或未达起征点的增值税小规模纳税人不需要填报《增值税减免税申报明细表》，即当小规模纳税人当期增值税纳税申报表主表中"其他免税销售额"栏的"本期数"和"本期应纳税额减征额"栏的"本期数"都没有数据时，可不填报《增值税减免税申报明细表》，而其余情形下，小规模纳税人都要如实填报。

误区
No.032

以无形资产或不动产投资，不缴增值税

在"营改增"实施之前，企业以无形资产、不动产投资入股，参与接受被投资方利润分配、共同承担投资风险的行为，以及股权转让行为等，均不缴纳营业税。而 2016 年 5 月 1 日起，我国全面放开营改增试点后，企业发生无形资产和不动产投资入股及股权转让等行为时，又是否需要缴纳增值税呢？

由财政部国家税务总局财税〔2016〕36 号文件附件 2《营业税改征增值税试点有关事项的规定》可知，适用一般计税方法的试点纳税人，2016 年 5 月 1 日后取得并在会计制度上按固定资产核算的不动产，或者 2016 年 5 月 1 日后取得的不动产在建工程，其进项税额应自取得之日起分两年从销项税额中抵扣，第一年抵扣 60%，第二年抵扣 40%。所谓的"取得不动产"，包括直接购买、接受捐赠、接受投资入股、自建以及抵债等各种形式取得的不动产，但不包括房地产开发企业自行开发的房地产项目。

由上述规定可知，企业将无形资产和不动产用于投资入股而换取被投资企业的股权的行为，属于有偿取得"其他经济利益"，则被投资企业接受投资入股形式的不动产的进项税额准予从销项税额中抵扣。这就意味着投资企业以不动产投资应缴纳增值税，并可计算销项税额和开具增值税专用发票，交给被投资企业作为抵扣进项税额的凭据。

所以，营改增后企业以无形资产和不动产投资入股的行为，应按有偿销售不动产和无形资产行为征收增值税。由此可以看出，"以无形资产或不动产投资，不缴增值税"的看法确实是一个纳税误区。

北京某集团有限公司在"营改增"实施以后被认定为增值税一般纳税人，2016 年 5 月 24 日将其 2014 年 9 月 1 日取得的价值 300 万元的不动产，以公允价值 430 万元投资入股北京某科技有限公司，占股 10%。相关税务分析如下。

北京某集团有限公司以不动产投资入股，不动产的所有权发生转移，同时公司取得股权就是取得了经济利益，所以将不动产投资入股换取股权的行为属于有偿转让不动产，按照相关规定，公司需要缴纳增值税并向北京某科技公司开具增值税专用发票。

而根据《国家税务总局关于发布〈纳税人转让不动产增值税征收管理暂行办法〉的公告》（国家税务总局公告 2016 年第 14 号）的相关规定，一般纳税人转让其 2016 年 4 月 30 日前取得的不动产（不含自建），可选择适用简易计税方法计缴税款，即以取得的全部价款和价外费用扣除不动产购置原价或取得不动产时作价后的余额为销售额，按 5% 的征收率计算应纳税额。纳税人应按上述计税方法向不动产所在地主管税务机关预缴税款，向机构所在地主管国税机关申报纳税。

应纳增值税 =（430-300）÷（1+5%）×5% ≈ 6.19（万元）

该公司给北京某科技有限公司开具了增值税专用发票，并在不动产所在地主管税务机关预缴了税款，而后又在公司所在地主管国税机关进行了纳税申报。

对于北京某科技有限公司而言，取得了投资入股的不动产。根据相关规定，适用一般计税方法的试点纳税人，2016 年 5 月 1 日后取得并在会计制度上按固定资产核算的不动产或2016 年 5 月 1 日后取得的不动产在建工程，其进项税额应自取得之日起分两年从销项税额中抵扣。因此，该科技有限公司在取得北京某集团有限公司开具的增值税专用发票后，需要做的税务处理如下。

2016 年 5 月可抵扣增值税进项税额 = 6.19×60% = 3.714（万元）

2017 年 5 月可抵扣增值税进项税额 = 6.19×40% = 2.476（万元）

虽然以无形资产或不动产投资需要缴纳增值税，但财会人员应该注意，融资租入的不动产及在施工现场修建的临时建筑物和构筑物等，其进项税额不适用于"分两年抵扣"的规定。

误区
No.033

个人股东无偿借款给公司时要交增值税

财会人员要明确，个人股东无偿借款给公司的行为属于营改增后"金额服务"税目中的贷款服务。要弄清楚个人股东无偿借款给公司时需不需要缴纳增值税，首先要了解与之相关的一些政策规定。

根据《营业税改征增值税试点实施办法》的有关规定，下列情形视同销售服务、无形资产或不动产。

①单位或个体工商户向其他单位或个人无偿提供的服务。但用于公益事业或以社会公众为对象的除外。

②单位或个人向其他单位或个人无偿转让无形资产或不动产的。但用于公益事业或以社会公众为对象的除外。

③财政部和国家税务总局规定的其他情形。

由此可分析，《营业税改征增值税试点实施办法》中视同销售服务、无形资产或不动产的行为主体是"单位和个体工商户"，不包括其他个人。也就是说，个人股东无偿借款给公司的行为不需要视同销售，也就不需要缴纳增值税。同理，其他个人无偿借款给公司也不需要缴纳增值税。

但是，单位和个体工商户提供贷款服务是其经营项目，免费提供服务和无偿销售资产产品一样，都视同销售，需要缴纳增值税。同理，如果是企业、个体工商户向其他企业、个体工商户或个人无偿出借款项，都应视同销售，必须缴纳增值税。

在"个人股东无偿借款给公司时要缴纳增值税"这一误区得到正确认识和处理的情况下，财会人员还可能会有如下疑问，下面来看看对这些疑问的解答。

问：个人有偿借款给公司需不需要缴纳增值税？

答：自 2016 年 5 月 1 日起，个人将资金借给企业使用并收取借款利息的，属于发生的将资金贷予他人使用的行为，个人应开具发票，对应增值税征收率为 3%，同时需要到税务机关代开发票。在申请让税务机关代开发票时，个人需要带上身份证原件、复印件，填写代开发票申请表。

问：个人借款给公司需不需要开具发票？

答：根据有关规定，个人借款给公司的业务，公司可凭借款收据和借款合同作为记账依据，而个人在取得利息时，应向企业出具由税务机关代开的利息或资金占用费发票。

问：个人借款给公司后，公司支付给个人的利息能否税前扣除？

答：在企业所得税税前申报扣除时，企业的利息支出要满足以下两个条件，且不超过按照金融企业同期同类贷款利率计算的数额的部分，才准予扣除，而超出部分需要在年度所得税汇算清缴时调增应纳税所得额，也就是不能扣除的意思。

◆ 企业与个人之间的借贷是真实、合法并有效的，且不具有非法集资目的或其他违反法律、法规的行为。

◆ 企业与个人之间签订了借款合同。

问：企业对支付给个人的利息需不需要代扣代缴个人所得税？

答：个人借款给公司，在收到公司支付的利息时是需要缴纳个人所得税的。而这部分个人所得税一般由支付企业代扣代缴，适用税率为20%，申报缴纳时需要在扣缴义务人所在地主管税务机关进行。

误区
No.034

采购款未支付时不能抵扣进项税额

大多数人会认为，企业采购物资后没有支付货款时是不能抵扣进项税额的，这一认知是不正确的。进项税额的抵扣是看企业拿到手的发票的进项税额，对于工业企业而言，只要发票已经认证，就可抵扣进项税额，而与企业是否支付货款没有关系。

根据《国家税务总局关于进一步明确营改增有关征管问题的公告》（国家税务总局公告 2017 年第 11 号）第十条的规定，增值税专用发票的抵扣时间有如下要求。

◆ 自 2017 年 7 月 1 日起，增值税一般纳税人取得的 2017 年 7 月 1 日及以后开具的增值税专用发票和机动车销售统一发票，应自开具之日起 360 天内认证或登录增值税发票选择确认平台进行确认，并在规定的纳税申报期内向主管国税机关申报抵扣进项税额，否则不予抵扣进项税额。

◆ 增值税一般纳税人取得的 2017 年 7 月 1 日及以后开具的海关进口增值税专用缴款书，应自开具之日起 360 天内向主管税务机关报送《海关完税凭证抵扣清单》，申请稽核比对，并在规定的纳税申报期内申报抵扣进项税额，否则不予抵扣进项税额。

◆ 而纳税人取得的 2017 年 6 月 30 日前开具的增值税扣税凭证，仍按《国家税务总局关于调整增值税扣税凭证抵扣期限有关问题的通知》（国税函〔2009〕617 号）执行，即认证或抵扣期限为 180 天，然后在规定期限内申报抵扣进项税额。

由上述规定可知，企业采购物资后，如果没有支付货款，但收到了销售方开具的增值税专用发票，且专用发票已经认证，则企业可在申报抵扣的期限内向主管税务机关申请抵扣进项税额；如果企业没有支付货款，但收到了销售方开具的增值税专用发票，只是发票还未认证，则需要企业在认证期限内到税务机关对发票进行认证，然后才能用于抵扣进项税额；如果企业没有支付货款，也没有收到销售方开具的增值税专用发票，则发生的进项税额就不能立即抵扣。

企业暂时未支付而后期会支付货款，其在规定的时间内可凭借认证过后的增值税专用发票进行进项税额抵扣。但如果是企业无法支付货款的情况，则其进项税额又该如何处理呢？

在实际经营过程中，企业难免会遇到这样的情况：企业与另一家公司有业务往来，对方已经开具了增值税专用发票，且企业已经申报了进项税额抵扣，但是，对方公司却在还未收到我方公司的货款时就解散或者破产，导致我方公司无法支付相应的货款。这时，很多企业财会人员会认为要将已经申请抵扣的进项税额进行转出处理，事实上，该笔货款对应的进项税额不需要转出，而只需要将相应的货款转作"营业外收入"，并计缴所得税。

广东省某食品生产公司 A 向当地一家食品原材料销售公司 B 购货 150 万元，支付 145 万元，余 5 万元还未支付，而 B 公司看在 A 公司是其老客户的份上，决定不需要 A 公司支付剩下的 5 万元货款了。

这种情况下，5 万元的货款属于不用支付的应付款项，其属于供货方给予的返利，需要按照平销返利行为的有关规定冲减当期增值税进项税额。也就是说，如果企业 A 对该批原材料的进项税额已经做了抵扣处理，则需要将其转出，然后在原来进项税额的基础上减少进项税额金额；如果企业 A 还未对该批原材料的进项税额进行抵扣，则需要冲减当期的增值税进项税额。应冲减进项税额的计算公式如下：

当期应冲减进项税额＝当期取得的返还资金÷（1+ 所购货物适用增值税税率）× 所购货物适用增值税税率

由此可知，企业"采购款未支付"的情况分为两大类：无法支付和不用支付。两种情况下的进项税额处理原则不同，所以财会人员在处理公司相关税务时要注意区分这两种情况，进而明确增值税进项税额的具体处理办法。

企业购进办公用不动产不能抵扣进项税额

根据国家税务总局《不动产进项税额分期抵扣暂行办法》（国家税务总局公告 2016 年 15 号）的规定，企业用于生产经营的厂房、店铺和办公楼等不动产，其进项税额可以分两年从销项税额中抵扣；而企业购买的住房用于集体福利和个人消费的，其进项税额不允许抵扣。

问：企业既有简易计税项目，又有一般计税项目，营改增后购进办公用不动产，能否抵扣进项税额？

答：根据《财政部　国家税务总局关于全面推开营业税改征增值税试点的通知》（财税〔2016〕36 号）附件 1《营业税改征增值税试点实施办法》的第二十七条规定，用于简易计税项目、免征增值税项目、集体福利或个人消费的购进货物、加工修理修配劳务、服务、无形资产和不动产的，进项税额不得从销项税额中抵扣。由此可知，纳税人营改增后购进办公用不动产，在能够取得增值税专用发票且不是专用于上述不得抵扣进项税额的项目，是可以按规定抵扣进项税额的。

当然，如果企业购进办公用不动产，没有取得增值税专用发票，则进项税额不得抵扣；如果取得了增值税专用发票，但事后企业将原本用于办公的不动产改作集体福利或个人消费使用，则已经抵扣的进项税额需要进行转出处理，没有抵扣的进项税额不得抵扣。

如果企业购进办公用不动产满足抵扣进项税额的条件，则对应的进项税额应按照《国家税务总局关于发布〈不动产进项税额分期抵扣暂行办法〉的公告》（国家税务总局公告 2016 年第 15 号）的规定进行抵扣，即增值税一般纳税人 2016 年 5 月 1 日后取得并在会计制度上按固定资产核算的不动产，以及 2016 年 5 月 1 日后发生的不动产在建工程，其进项税额应分两年从销项税额中抵扣，第一年抵扣 60%，第二年抵扣 40%。

由此可见，"企业购进办公用不动产不能抵扣进项税额"的说法是不正确的，财会人员要避免进入该纳税误区。企业购进办公用不动产能不能抵扣进项税额，关键看该不动产是属于一般计税项目还是简易计税项目，是免征增值税项目还是不免征增值税项目，是用于办公还是用于集体福利或个人消费。只有当购进的办公用不动产属于一般计税项目，且不属于免征增值税项目，同时也不用于集体福利或个人消费的时候，其对应的进项税额才能抵扣。

销售活动的增值税税务要点

在企业经营过程中，采购和投资活动是对外支付款项，而销售活动是从外部单位获取款项，其中涉及增值税销项税额，与增值税进项税额。增值税销项税额的处理也是税务工作的一项重要内容，在处理过程中也难免会遇到纳税误区，财会人员要认识并避免走进这些误区。

误区
No.036

适用简易征收的固定资产销售均可开具增值税专票

根据《国家税务总局关于营业税改征增值税试点期间有关增值税问题的公告》（国家税务总局公告 2015 年第 90 号）和《国家税务总局关于增值税简易征收政策有关管理问题的通知》（国税函〔2009〕90 号）等相关文件的规定，一般纳税人销售自己使用过的适用简易征收的固定资产，按 3% 征收率减按 2% 征收增值税，并且只能开具增值税普通发票而不能开具增值税专用发票。所以，"适用简易征收的固定资产销售均可开增值税专用发票"的说法是不正确的。

但是，纳税人销售自己使用过的适用简易征收的固定资产，如果放弃减税，即按简易办法依照 3% 征收率缴纳增值税的，则可以开具增值税专用发票，进而购买方就可抵扣增值税进项税额了。由此可见，"适用简易征收的固定资产销售均可开增值税专用发票"的说法是可以讨论区分的。而该纳税处理情况还有以下两个注意事项。

◆ 纳税人根据自己的实际情况选择是否放弃减税，一旦放弃减税，纳税人在 36 个月内不能再申请减税。

◆ 纳税人销售自己使用过的固定资产与纳税人销售旧货不一样，纳税人销售旧货应开具普通发票，不得自行开具或由税务机关代开增值税专用发票；而销售自己使用过的固定资产会因为是否选择减税而决定是否可以开具增值税专用发票。

纳税人销售适用简易征收的固定资产，除存在开票的误区外，有很多人还不知道此种情况如何填报增值税申报表，下面就通过一个具体的案例来认识一下一般纳税人销售适用简易征收的固定资产的增值税申报表的填制内容。

一般纳税人 M 企业为工业企业，2017 年 8 月，因技术进步的原因，将营改增前购置的一台机器进行了销售处理，取得含税收入 12.36 万元，同时向购买方开具了增值税普通发票。相关计算过程和税务处理如下。

不含税销售额 = 123600 ÷（1+3%）= 120000（元）

应纳增值税 = 120000 × 3% = 3600（元）

减征税额 = 120000 × 1% = 1200（元）

首先，在填报《增值税纳税申报表附列资料(一)(本期销售明细)》表时，需要注意"3% 征收率的货物及加工修理修配劳务"栏的各小栏的填列："开具其他发票"小栏中的"销售额"填列为"120000"；"开具其他发票"小栏中的"销项（应纳）税额"填列为"3600"；"合计"小栏中的"销售额"填列为"120000"；"合计"小栏中的"销项（应纳）税额"填列为"3600"。

然后，在填报《增值税纳税申报表（一般纳税人适用）》表时，需要注意"一般项目"和"本月数"栏的各税费金额的填列："（二）按简易办法计税销售额"填列为"120000"；"简易计税办法计算的应纳税额"填列为"3600"；"应纳税额减征额"填列为"1200"；"应纳税额合计"填列为"2400"；"期末未缴税额（多缴为负数）"填列为"2400"；"本期应补（退）税额"填列为"2400（退税时为负）"。

在上述案例中，公司选择了按减征后 2% 的征收率计缴增值税，所以其开具的是增值税普通发票。如果该企业不按减征后 2% 的征收率计缴增值税，则纳税申报人员不需要填报《增值税纳税申报表（一般纳税人适用）》，且公司可以开具增值税专用发票抵扣进项税额。

误区
No.037

所有以差额为销售额的情况都能用"差额征税"功能

根据营改增相关文件的规定，营改增试点纳税人提供旅游服务的，可选择以取得的全部价款和价外费用，在扣除向旅游服务购买方收取并支付给其他单位或个人的住宿费、餐饮费、交通费、签证费、门票费和支付给其他接团旅游企业的旅游费用后的余额为销售额。

而根据国家税务总局公告 2016 年第 23 号的规定，适用差额征税办法缴纳增值税，不得全额开具增值税专用发票（财政部和税务总局另有规定的除外），纳税人自行开具或税务机关代开增值税专用发票时，可通过新系统中的"差额征税"开票功能，录入含税销售额和扣除额，系统将自动计算税额和不含税金额，并在备注栏自动打印"差额征税"字样。

也就是说，营改增试点纳税人全额开具增值税专用发票时，纳税人将不得采用"差额征税"功能，所以，"所有以差额为销售额的情况都能用差额征税功能"的说法是不正确的。

四川某旅行社为营改增试点纳税人，提供旅游服务，适用税率为6%。在 2017 年 8 月经营某一次带团业务时，收取的全部价款为 106 万元，扣除额为 79.5 万元。相关税务分析如下。

1. 在原来营业税体系下，进行差额征税，可全额开具地税发票（即营业税发票）106 万元。

应交营业税＝（106−79.5）×（6%−1%）= 1.325（万元）

2. 根据财税〔2016〕36 号文的规定，该旅行社需要将差额作为销售额计算应缴纳的增值税。

增值税销项税额＝（106−79.5）÷（1+6%）×6% = 1.5（万元）

向购买旅游服务方开具一部分增值税专用发票和一部分增值税普通发票，增值税专用发票金额为 25 万元，税率为 6%，则税额为 1.5 万元；增值税普通发票的价税合计为 79.5 万元，两张发票合计金额为 106 万元。

3. 根据国家税务总局 2016 年第 36 号公告的规定，该旅行社同样需要将差额作为销售额计算应缴纳的增值税。

增值税销项税额＝（106−79.5）÷（1+6%）×6% = 1.5（万元）

不含税销售额＝ 106−1.5 = 104.5（万元）

此时，向旅游服务购买方开具全额增值税专用发票，金额为 104.5 万元，税额为 1.5 万元。

4. 在不采用差额征税的方式下，税费的计算与税务分析如下。

增值税销项税额＝ 106÷（1+6%）×6% = 6（万元）

不含税销售额＝ 106−6 = 100（万元）

此时，销项税额 6 万元中有 1.5 万元进入应纳税额，其余的 4.5 万元转化为旅游服务销售方收益，向旅游服务购买方开具增值税专用发票，金额为 100 万元，税率为 6%，税额为 6 万元。相关会计分录如下。

借：银行存款　　　　　　　　　　　　1060000

　　贷：主营业务收入　　　　　　　　　1000000

　　　　应交税费——应交增值税（销项）　60000

由于其扣除额为 79.5 万元，而有 4.5 万元将转化为旅行社的经营收益，所以其实际成本为 75（79.5−4.5）万元。

借：主营业务成本　　　　　　　　　　　　　　　　　　750000

应交税费——应交增值税（营改增抵减的销项税额）　45000

贷：银行存款　　　　　　　　　　　　　　　　　　　795000

那么，"营改增"实施以后，哪些情况是可以采用增值税差额征税的呢？具体内容见表4-1。

表4-1　营改增后适用增值税差额征税的业务

业务	规　定	发票及对下游公司影响
金融商品转让	按卖出价扣除买入价（可选择按加权平均法或移动加权平均法进行核算，选择后36个月内不得变更）后的余额为销售额，即转让金融商品出现的正负差按盈亏相抵后的余额为销售额。若相抵后出现负差，可结转到下一纳税期，然后与下期转让金融商品销售额相抵，但年末时仍然出现负差的，不得转入下一会计年度	金融商品转让时不得开具增值税专用发票，所以对下游公司来说，不能进行进项税额的抵扣。但对于实施金融商品投资的企业来讲，要全额开具增值税普通发票
经纪代理服务	以取得的全部价款和价外费用，扣除向委托方收取并代为支付的政府性基金或行政事业性收费后的余额为销售额。若政府相关职能部门对经纪代理业务中代收的政府性基金或行政事业性收费直接开具行政事业性收费专用票据，则经纪代理公司无须确认收入，无须就代收部分自行开具发票，只需要将政府开具的票据进行转交即可；若政府将票据开给经纪代理公司，则代理公司必须确认全部收入，同时享受差额征税政策	以经纪代理公司为一般纳税人为例：若代理公司直接全额开具普通发票，则享受差额征税，而下游公司不能抵扣进项税款；若代理公司自己收入部分开具增值税专用发票，代收费用部分开具增值税普通发票，则享受差额征税，而下游公司只能就专用发票部分抵扣进项税额；若代理公司放弃享受差额征税政策，就全部收入开具增值税专用发票，则下游公司可全部抵扣进项税额
客运场站服务	以取得的全部价款和价外费用，扣除支付给承运方运费后的余额为销售额。该服务属于物流辅助服务，税率为6%，进项税额不能抵扣，所以允许采用差额征税	因客运场站服务的下游公司不能抵扣进项税，所以提供该项服务的公司可全额开具增值税普通发票。但小规模纳税人提供该项服务时不涉及差额征税

续表

业务	规 定	发票及对下游公司影响
融资租赁业务	以取得的全部价款和价外费用，扣除支付的借款利息（包括外汇借款和人民币借款利息）、发行债券利息和车辆购置税后的余额为销售额。该业务对于下游企业来说是新设备启用，因此总价款中应包含设备本金	应在正常开票系统中向下游企业开具全额增值税专用发票或普通发票，下游企业若是一般纳税人，则可以全部抵扣进项税，包括本金和利息，尤其是利息进项可以抵扣；若下游企业为小规模纳税人，则进项税额不能抵扣
融资性售后回租业务	以取得的全部价款和价外费用，扣除对外支付的借款利息（包含外汇借款和人民币借款利息）和发行债券利息后的余额为销售额。该业务对于下游企业来说是对已有设备进行操作，所以总价款中不包含设备本金	应在正常开票系统中向下游企业开具全额增值税发票，但需要注意，该业务属于贷款服务范畴，所以不得向下游企业开具增值税专用发票
旅游业服务	可选择以取得的全部价款和价外费用，扣除向旅游服务购买方收取并支付给其他单位或个人的住宿费、餐饮费、交通费、签证费、门票费和支付给其他接团旅游企业的旅游费用后的余额为销售额。该业务能否开具差额增值税专用发票，需由各地税务机关自行决定	旅游公司可直接全额开具增值税普通发票，享受差额征税，但下游企业不能抵扣进项税额；旅游公司可将自己收入部分开具专用发票，代收费用部分开具普通发票并享受差额征税，而下游企业只能就专用发票部分抵扣进项税额；旅游公司可放弃享受差额征税政策，就全部收入开具专用发票，下游企业可全额抵扣进项税额
建筑服务适用简易计税的	以取得的全部价款和价外费用，扣除支付的分包款后的余额为销售额。无论是一般纳税人老项目，还是小规模纳税人，均可实现差额征税，这里的差额征税实际上是营业税关于建筑业总分包差额征税的政策延续	一般纳税人可全额开具 3% 征收率的增值税专用发票或普通发票，下游企业取得专用发票时可抵扣进项税额，取得普通发票时不得抵扣；小规模纳税人可向税务机关申请代开 3% 征收率的全额增值税专用发票，也可自行开具全额普通发票

续表

业务	规　定	发票及对下游公司影响
房地产企业销售商品房选择一般计税方法	以取得的全部价款和价外费用，扣除受让土地时向政府部门支付的土地价款后的余额为销售额。其中，土地价款扣除的款项不仅包括出让金，拆迁补偿款也可作为土地价款进行扣除	房地产企业一般纳税人可全额自行开具11%的增值税专用发票或普通发票；下游企业取得专用发票时可抵扣进项税额，取得普通发票时不得抵扣
劳务派遣服务	一般纳税人提供该项服务的，可按相关税法的规定，以取得的全部价款和价外费用为销售额，按一般计税方法计算缴纳增值税；也可选择差额征税，以取得的全部价款和价外费用，扣除代用工单位支付给劳务派遣员工的工资、福利和为其办理社会保险及住房公积金后的余额为销售额，同时按简易计税方法依照5%征收率计缴增值税。而小规模纳税人提供该项服务的，可按相关税法的规定，以取得的全部价款和价外费用为销售额，按简易计税方法依照3%征收率计缴增值税；也可选择差额征税，以取得的全部价款和价外费用，扣除代用工单位支付给劳务派遣员工的工资、福利和为其办理社会保险及住房公积金后的余额为销售额，按简易计税方法依照5%征收率计缴增值税	选择差额征税的纳税人，无论是一般纳税人还是小规模纳税人，其向用工单位收取用于支付给劳务派遣员工工资、福利和为其办理社会保险及住房公积金的费用，不得开具增值税专用发票，但可以开具普通发票。以一般纳税人为例，劳务派遣公司可选择简易征收，则直接全额开具5%普通发票，享受差额征税，而下游企业不得抵扣进项税额；可选择简易征收，自己收入部分开具5%征收率的专用发票，从销售额中扣除部分开具5%征收率的普通发票并享受差额征税，而下游企业只能就专用发票部分抵扣进项税额；放弃享受差额征税政策，可就全部收入开具6%税率的专用发票，而下游企业可全部抵扣进项税额
人力资源外包服务	按照经纪代理服务缴纳增值税，其销售额不包括受客户公司委托代为向客户公司员工发放的工资和代理缴纳的社会保险及住房公积金。该服务无论是采用一般计税方法还是简易计税方法，都可享受差额征税政策，但选择适用简易计税方法的，按5%的征收率计缴增值税	人力资源外包公司可直接全额开具增值税普通发票，享受差额征税，但下游企业不能抵扣进项税额；也可将自己收入部分开具专用发票，从销售额扣除部分开具普通发票，享受差额征税，下游企业只能就专用发票抵扣进项；也可放弃享受差额征税政策，全部收入开具专用发票，下游企业就可全额抵扣进项税额

续表

业务	规　定	发票及对下游公司影响
转让营改增前取得的土地使用权	纳税人转让 2016 年 4 月 30 日前取得的土地使用权，可选择适用简易计税方法，以取得的全部价款和价外费用，扣除取得该土地使用权的原价后的余额为销售额，按 5% 征收率计缴增值税	企业可按 5% 征收率全额开具增值税专用发票或普通发票，下游企业只有在收到专用发票时才能抵扣进项税额，收到普通发票时不能抵扣
按简易计税方法转让二手房	一般纳税人转让其 2016 年 4 月 30 日前取得（不含自建）的不动产，以取得的全部价款和价外费用，扣除不动产购置原价或取得不动产时作价后的余额为销售额，按 5% 征收率计缴增值税。小规模纳税人转让其取得（不含自建）的不动产，以取得的全部价款和价外费用，扣除不动产购置原价或取得不动产时的作价后的余额为销售额，按 5% 征收率计缴增值税。其他个人转让其购买的住房，按有关规定差额缴纳增值税的，以取得的全部价款和价外费用，扣除购买住房价款后的余额为销售额，按 5% 征收率计缴增值税	一般纳税人可自行开具全额增值税专用发票或普通发票，下游企业只有在收到专用发票时才能抵扣进项税额。小规模纳税人可自行开具全额增值税普通发票，或到二手房所在地的地税机关申请代开增值税专用发票，下游企业也只有在收到专用发票时才能抵扣进项税额。其他个人可到二手房所在地的地税机关申请代开全额增值税专用发票或普通发票。需要注意的是，有些地方税务机关认为该服务不能通过普通开票系统开票，只能通过差额开票系统开具差额发票
物业公司收取水费的业务	以向服务接受方收取的自来水费，扣除其对外支付的自来水费后的余额为销售额，按简易计税方法依 3% 征收率计缴增值税。营改增后，电费可按 17% 抵扣进项税额，但税费的进项税额的计算只能依照 3%，销项税额依照 13% 计算	一般纳税人可开具 3% 征收率的全额增值税专用发票或普通发票，下游企业只有在收到专用发票时才能抵扣进项税额。小规模纳税人可自行开具 3% 征收率的增值是普通发票，或向物业公司所在地的税务机关申请代开 3% 征收率的增值税专用发票

　　在上述这些服务中，旅游服务、劳务派遣服务和人力资源外包服务等还可按照新系统中的"差额征税开票功能"，差额开具增值税专用发票，而下游企业此时只能就票面列出的差额增值税抵扣进项税额。

误区
No.038

以差额作为销售额的均可全额开具专票

在上一个税务误区的内容中，我们认识了具体的 13 种可通过差额征税方式缴纳增值税的服务，其中有些服务是可以全额开具增值税专用发票的，但有些不能，"以差额作为销售额的均可全额开具专票"的说法是不正确的。能开具全额增值税专用发票的情况如下所述。

放弃享受差额征税政策时可全额开具增值税专用发票

经纪代理服务、旅游服务和人力资源外包服务等，在放弃享受差额征税政策的情况下，可就全部收入全额开具增值税专用发票；融资租赁服务只有在正常开票系统中才能开具全额增值税专用发票，即不享受差额征税政策时才能全额开具增值税专用发票；劳务派遣服务在放弃享受差额征税政策时，可就全部收入按 6% 征收率全额开具增值税专用发票。

在不放弃享受差额征税政策时也能全额开具增值税专用发票

适用简易计税方法的建筑服务，一般纳税人可自行按 3% 征收率全额开具增值税专用发票，小规模纳税人可向税务机关申请代开 3% 征收率的全额增值税专用发票。

适用一般计税方法的房地产企业销售商品房服务，一般纳税人可自行按 11% 征收率全额开具增值税专用发票。

转让营改增前取得的土地使用权，可按 5% 征收率全额开具增值税专用发票。

适用简易计税方法转让二手房，一般纳税人可全额开具增值税专用发票，小规模纳税人和其他个人可到二手房所在地的地税机关申请代开全额增值税专用发票。

物业公司收取水费，一般纳税人可按 3% 征收率全额开具增值税专用发票，小规模纳税人可向税务机关申请代开 3% 征收率的全额增值税专用发票。

误区
No.039

所有财务费用都不可以抵扣进项税额

财政部、国家税务总局〔2016〕36 号文件附件 2 中有一款规定：纳税人接受贷款服务，向贷款方支付的与该笔贷款直接相关的投融资顾问费、手续费和咨询费等，其进项税额不得从销项税额中抵扣。由此，很多人会进入一个误区，以为所有财务费用都不能抵扣进项税额。其实不然。

在企业经营过程中，财务费用不仅包括与贷款直接相关的投融资顾问费、手续费和咨询费，还有银行账户管理费用、非贷款直接相关的资信证明费以及年度等日常审计过程中账户函证费等，这些费用属于增值税征收范围，它们都可按照相关规定抵扣进项税额。

C 公司由于流动资产周转需要，从某商业银行取得了为期一年的贷款，金额为 5000 万元，贷款利率为 4.35%，同时按照贷款合同约定支付银行贷款金额 1% 的手续费，手续费取得了商业银行开具的专用发票（含税）。此时，支付的手续费的账务处理如下。

手续费 = 5000 × 1% = 50（万元）

增值税进项税额 = 50 ÷（1+6%）× 6% ≈ 2.83（万元）

借：财务费用——手续费   471700

  应交税费——应交增值税（进项） 28300

   贷：银行存款   500000

这时，企业支付的手续费不能抵扣增值税进项税额，所以应执行"进项税额转出"处理。

如果 C 公司在向银行贷款时找了融资担保公司，向融资担保公司支付了担保手续费，金额为 50 万元，而没有向银行支付任何手续费。则该公司支付手续费的账务处理如下。

借：财务费用——手续费   471700

  应交税费——应交增值税（进项） 28300

   贷：银行存款   500000

这时，企业支付的手续费对应的增值税进项税额是可以抵扣的，因为该手续费与贷款服务并不直接相关。

政策规定"向贷款方支付的与该笔贷款直接相关的投融资顾问费、手续费、咨询费等费用，其进项税额不得从销项税额中抵扣"，其中一个前提是"向贷款方支付的"，因此，案例中的公司接受了贷款服务并支付给商业银行的与贷款直接相关的手续费，即使取得了增值税专用发票，也不得抵扣增值税；而支付融资担保公司的担保手续费不是向贷款方支付的，所以其进项税额可以在销项税额中抵扣。

对于财务费用是否抵扣进项税额的问题，很多财会人员还会走入另一误区：企业向银行申请贷款，银行为企业找到资产评估机构评估企业的资产价值，产生的评估费会被很多企业认为应计入财务费用。而事实上，这种情况下产生的评估费应计入管理费用。而根据现行政策的规定,评估费属于非贷款直接相关的费用,所以可以抵扣进项税额。

另外,企业接受贷款服务而支付的贷款利息,对应收取的增值税发票不能抵扣进项税额。

误区
No.040
不征增值税项目的进项税额需要转出

不征收增值税项目这一概念在营改增前后存在较大差异。在营改增之前,不征增值税项目是指不属于增值税的征税范围,但可能属于或可能不属于营业税征税范围的项目;全面营改增之后,因营业税被增值税取代,不征增值税项目是指不属于增值税的征税范围的项目,比如,存款利息和被保险人获得的保险赔付等。

除此之外,税法还明确规定了很多项目不征增值税:在资产重组过程中,通过合并、分立、出售或置换等方式,将全部或部分实物资产及与其相关联的债权、负债和劳动力一并转让给其他单位和个人,其中涉及的货物、不动产、土地使用权转让行为;融资性售后回租业务中承租方出售资产的行为;纳税人取得的中央财政补贴;各燃油电厂从政府财政专户取得的发电补贴以及纳税人根据国家指令无偿提供的铁路运输服务和航空运输服务等。

上述这些不征增值税项目对应的进项税额不做转出处理。而在实际工作中,很多人对不征增值税项目与进项税额抵扣之间的关系认识不清,导致大多数人容易进入一个纳税误区:不征增值税项目对应的进项税额需要做转出处理。

在全面营改增之前，税法明确规定，用于不征增值税项目的购进货物、应税劳务和应税服务等对应的进项税额不得从销项税额中抵扣。这里的"不征增值税项目"是指不征收增值税但征收营业税的项目，此时项目对应的进项税额不得抵扣，若抵扣了，就要对进项税额做转出处理。而不征增值税项目还有另一种类型，即不属于增值税的征税范围，同时也不属于营业税征税范围的项目，税法对这样的项目并未规定不得抵扣进项税额，也就是说，只要纳税人能取得合法扣税凭证，就可抵扣相应的进项税额，相应地就不需要做进项税额转出处理了。

全面营改增之后，由于营业税不复存在，税法中也不再规定不征增值税项目不得抵扣进项税额，即营改增后，只要纳税人能取得税法认可的扣税凭证，用于不征增值税项目的进项税额便可抵扣，所以也就不需要对进项税额做转出处理。

但需要财会人员特别注意的是，通常不征增值税的项目是不能开具增值税发票的。换句话说，在实际税务工作中，很多不征增值税的项目可能无法取得合法的扣税凭证，此时可能会遭遇进项税额既不能扣除又不能转出的困难。

误区
No.041

市场价格波动造成售价低于成本的损失可在税前扣除

很多财会人员以为，由于市场价格波动造成企业产品售价低于成本的损失可以按资产损失处理在税前扣除。这种说法是不正确的。虽然相关税法规定，企业在生产经营活动中发生的固定资产和存货的盘亏、毁损及报废损失、转让财产损失、呆账损失、坏账损失和自然灾害等不可抗力因素造成的损失及其他损失等，应在其实际发生且会计上已经做损失处理的年度内申报扣除。另外，法定资产损失应在企业向主管税务机关提供证据资料，证明资产已符合法定资产损失确认条件，且会计上已做损失处理的年度内申报扣除。

但是，因市场价格波动造成售价低于成本的差额损失，在会计核算上并没有进行过损失处理，这不符合规定中的"且会计上已做损失处理"的前提。所以，因市场价格波动造成售价低于成本的差额损失，不能进行税前扣除。而这种损失应作为企业生产经营亏损，直接计入当期利润总额，并进行纳税申报，不需要作为资产损失进行清单申报，因此也不需要填报《资产损失税前扣除及纳税调整明细表》和《资产损失（专项申报）税前扣除及纳税调整明细表》。

另外，根据《增值税暂行条例》的相关规定，企业正常销售产品却因市场价格波动造成售价低于成本的事实，不属于"非正常损失"，也就不属于不能抵扣进项税额的情况，即企业就算会因此产生进项税额留抵，也不需要对进项税额做转出处理。

某销售公司为增值税一般纳税人，主营各种建筑材料。2017 年 7 月购进水泥 3000 吨，每吨单价 405 元（不含税），取得了增值税专用发票，发票注明金额为 1215000 元，税额为 206550 元。到 2017 年 8 月，因市场行情发生了变化，价格大跌，为了减少亏损，公司决定将 7 月购进的 3000 吨水泥降价销售，每吨单价 390 元，并开具了增值税专用发票，发票注明金额为 1170000 元，税额为 198900 元。假如该公司期初库存为零，期初留抵税额也为零。则相应会计处理和税务处理如下。

1. 7 月购进水泥时，发生增值税进项税额。

借：库存商品　　　　　　　　　　　　　1215000

应交税费——应交增值税（进项）　　206550

　贷：银行存款／应付账款　　　　　1421550

2. 8月销售水泥时，发生增值税销项税额，同时结转销售成本。

借：银行存款　　　　　　　　　　　1368900

　贷：主营业务收入　　　　　　　　1170000

　应交税费——应交增值税（销项）　198900

借：主营业务成本　　　　　　　　　1215000

　贷：库存商品　　　　　　　　　　1215000

3. 8月应纳增值税为 −7650（198900−206550）元，即该公司8月末有增值税留抵税额7650元。此时，公司不需要对这7650元的留抵税额做转出处理，在下一纳税期按规定继续抵扣即可。这种情况下，该公司的会计利润表反映利润总额为 −45000（1170000−1215000）元。

上述案例中，因市场行情变化，公司商品价格降低。虽然水泥实物价格降低了，但实物形态依然存在，数量上并没有减少，因而造成成本大于收入。从税务规定角度看，企业正常销售产品因市场价格波动造成售价低于成本的差额，既不是因经营管理不善造成的损失，也不是因自然耗损造成的损失，所以在会计处理上并没有将损失通过"营业外支出"科目核算，因此，降价造成的损失不需要作为资产损失进行清单申报或专项申报，也就是说，这种损失不能在税前进行扣除。

误区
No.042

小规模纳税人不能出具增值税专用发票

在税务实务中，小规模纳税人的权限确实没有一般纳税人的权限大，因而会引起财会人员对有些纳税事项产生误解，比如，很多人会认为小规模纳税人一定是不能出具增值税专用发票的。这是税务工作中一个明显的误区。

首先，"出具"和"开具"是有区别的。根据国家税务总局《营业税改征增值税试点实施办法》的相关规定，小规模纳税人发生应税行为，购买索取增值税专用发票的，纳税人可向主管税务机关申请代开专用发票，然后交予购买方。此时，小规模纳税人属于不能"开具"而能够"出具"增值税专用发票的情况。"出具"强调的是出示、提供，所以，小规模纳税人实际上是可以而且应该出具增值税专用发票的。

其次，国家税务总局 2016 年第 69 号公告规定，自 2016 年 11 月 4 日起，全面开展住宿业小规模纳税人自行开具增值税专用发票的试点。

接着，国家税务总局 2017 年第 4 号公告规定，自 2017 年 3 月 1 日起，将鉴证咨询业增值税小规模纳税人纳入自行开具增值税专用发票试点的范围内。

最后，国家税务总局 2017 年第 11 号公告规定，自 2017 年 6 月 1 日起，将建筑业纳入增值税小规模纳税人自行开具增值税专用发票的范围当中。

由上述 4 项规定可知，小规模纳税人不仅能出具增值税专用发票，在一些特殊的行业中，小规模纳税人已经可以自行开具增值税专用发票了。但需要注意的是，住宿业、鉴证咨询业和建筑业等小规模纳税人在销售其取得的不动产时，如果需要向购买方开具增值税专用发票，仍然需要向地税机关申请代开，而不能自行开具。

因此，目前市场中属于小规模纳税人的部分企业也能开具增值税专用发票，这种说法是准确无误的。

销货方给购货方开具专用发票是法定义务

根据《中华人民共和国发票管理办法》的相关规定可知，单位和个人凡是发生销售商品、提供劳务以及从事其他经营活动，对外发生经营业务收取款项时，收款方（销货发）都应向付款方（购货方）开具发票，而在特殊情况（如废旧物资收购和农副产品收购等）下，会由付款方开具发票。也就是说，销货方给购货方开具发票是法定义务。

但是，很多财会人员对这一法定义务的理解不够准确，容易走入以下一些纳税误区。

误区一：销货方给购货方开具增值税专用发票也是法定义务

销货方能否给购货方开具增值税专用发票，要看销货方是哪一种类型的纳税人，或者要看销货方经营的项目是否能开具增值税专用发票。如果销货方没有权力开具专用发票，那么就不存在"向购货方开具专用发票是法定义务"的说法；但如果销货方销售的是属于需要开具专用发票的产品，则"销售方给购货方开具专用发票是法定义务"的说法就是正确的。

因此，销货方给购货方开具增值税专用发票是否是法定义务，要看销货方是否具有开具增值税专用发票的权力且需要开具专用发票。

误区二：销货方不愿意开具增值税专用发票就可以不开

国家税务总局《增值税专用发票使用规定》明确表示，一般纳税人销售货物或提供应税劳务的,应向购货方开具增值税专用发票。因此,销货方在能够且需要给购货方开具专用发票时,一定要开具,这是其法定义务,不能凭自己的意愿而决定开具或者不开具。

很多地方经常出现销货方不给购货方开具专用发票而导致购货方不能抵扣进项税额的情况,给购货方造成了一定的经济损失。因此,销货方不能心存侥幸,以为不开专用发票自己就能少缴税费,可以为企业赢得更多"账外利润";一旦这种行为被发现,最后都会得不偿失。

误区三:个人的偶然性销售行为可以不开具发票

现实中,很多个人不会发生经常性的销售行为,所以也就不会像个体工商户、小规模纳税人甚至一般纳税人一样,需要到税务机关申领增值税发票。也因为这样的事实存在,所以很多人认为自己的偶然性销售行为可以不用向购货方开具增值税发票。

事实上,个人发生的偶然性销售行为也需要向购货方开具增值税发票。通常情况下,个人需要到税务机关申请代开发票,然后再将发票转交给购货方。

误区
No.044
计入销售费用的员工销售提成不缴个税

很多工作经验丰富的财会人员更容易比刚从事会计工作的人犯如下错误:销售人员的销售提成计入"销售费用"科目后,作为成本费用处理,不再考虑计缴个人所得税的问题。这种做法是典型的纳税误区。

在实际会计处理过程中，企业在计提员工的销售提成时，应将销售人员的工资和提成都计入"销售费用"科目，会计分录如下。

借：销售费用——工资和提成

　　贷：应付职工薪酬

但在实际税务处理过程中，由于销售人员的工资和提成只是通过"销售费用"科目进行核算，其本质上还是企业发生的"应付职工薪酬"，所以，计入销售费用的销售提成也需要与工资一起，计缴个人所得税，会计分录如下。

借：应付职工薪酬

　　贷：应交税费——应交个人所得税

　　贷：银行存款／库存现金

由此可看出，计入销售费用的销售提成并不是真正意义上的间接费用，它实质也是员工工资组成的一部分，所以需要缴纳个人所得税。

另外，对于企业来说，计入销售人员工资的销售提成会对企业所得税税前扣除问题产生影响。也就是说，当销售提成归入销售人员的工资后，其可以在企业缴纳企业所得税前与工资一起进行税前扣除，相应地，企业会进行企业所得税的相关纳税调整工作。

很多企业为了让自己的员工感受到公司给予的福利，会间接地帮助员工少缴个人所得税。具体的做法是：企业将需要支付给员工的销售提成以其他需要员工报销的费用的形式支付给员工。这样员工既能拿到销售提成，又能将这部分收入规避在应缴纳个人所得税的工资范围之外，达到少缴税费的目的。在一些税法执行不严格的地区，这种方法可能会被认定为合法，但实际上，这是一种逃税行为，所以企业应认真按照税法规定办事，杜绝这种做法。

误区
No.045

折扣销售的折扣额不计入增值税应税额

很多人对于"折扣销售的折扣额是否征收增值税"的问题一点头绪和想法都没有，因为他们连折扣销售、销售折扣和销售折让这三者都区分不清楚。因此，为了便于读者理解"折扣销售的折扣额是否征收增值税与发票的填制有关"这一规定，我们先要认识什么是折扣销售、销售折扣和销售折让，如图 4-1 所示是这三个概念的具体含义。

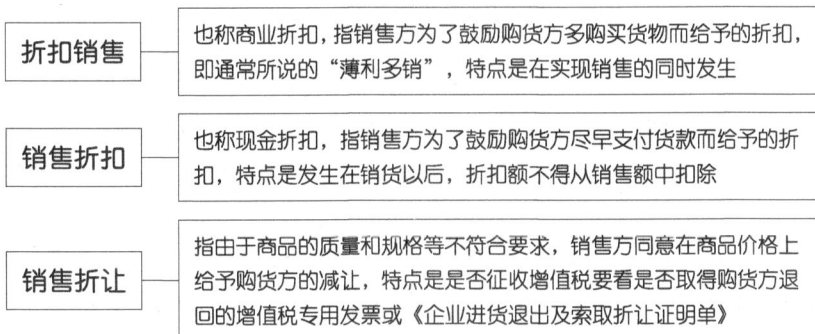

折扣销售	也称商业折扣，指销售方为了鼓励购货方多购买货物而给予的折扣，即通常所说的"薄利多销"，特点是在实现销售的同时发生
销售折扣	也称现金折扣，指销售方为了鼓励购货方尽早支付货款而给予的折扣，特点是发生在销货以后，折扣额不得从销售额中扣除
销售折让	指由于商品的质量和规格等不符合要求，销售方同意在商品价格上给予购货方的减让，特点是是否征收增值税要看是否取得购货方退回的增值税专用发票或《企业进货退出及索取折让证明单》

图 4-1

市面上常见的"购买 10 件，可按销售价格折扣 10%；购买 20 件，可按销售价格折扣 20% 等"，就属于折扣销售。除此之外，"买就送"和"满就送"等也属于折扣销售。它的实质是销货方在销售货物或应税劳务时给予购货方的价格优惠，是仅限于货物价格的商业折扣。如果销售方将自产、委托加工或购买的货物用于实物折扣（指销货方在销售过程中，当购货方购买货物时配送或赠送一定数量的货物）的，则实物货款不能从货物销售额中减除，而应按增值税视同销售货物中的"无偿赠送"计算缴纳增值税销项税额。

折扣销售的会计处理需要根据财政部《企业会计原则第14号——收入》的规则进行，当企业涉及折扣销售时，应遵照扣除折扣额后的金额确认销售商品收入，即以销售净额除税后贷记"主营业务收入"科目，而以销售净额借记"应收账款"或"银行存款"科目，会计分录如下。

借：应收账款/银行存款 （按交税前的销售净额入账）
　　贷：主营业务收入 （按交税后的销售净额入账）
　　　应交税费——应交增值税（销项）

而折扣销售的税务处理应参照国家税务总局《对于确认企业所得税收入若干问题的通知》的相关规定，如果销售额和折扣额在同一张发票上分别注明，则可以按折扣后的销售额计算增值税和企业所得税；如果将折扣额另行开具发票，则不管会计上如何处理，税务上都不得从销售额中减除折扣额后计算增值税和企业所得税。

某市一家生活超市是增值税一般纳税人，税率为17%，为增加产品销量，2017年8月开展节前促销活动，对某品牌巧克力开展"折扣销售"方式出售。这种巧克力的售（标）价为46.9元/盒，成本为21.6元/盒，超市规定在促销期内凡一次性购买5盒的，按七折优惠价格成交，并将折扣金额与销售额开在同一张增值税发票上。月末结账时，经核算，当月一次性购买5盒的有150次，共售出750盒。此时，该超市应确认的增值税销项税额为：$46.9 \times 750 \times 70\% \div （1+17\%）\times 17\% \approx 3577.63$（元），即折扣额不征收增值税。如果折扣金额另行开具增值税发票，则需要确认的增值税销项税额为：$46.9 \times 750 \div （1+17\%）\times 17\% \approx 5110.9$（元），即折扣额要征收增值税。

消费税与企业所得税的纳税处理

消费税的缴纳比较特殊，企业只有在经营特定应税商品时才会涉及该税的计缴问题。而企业所得税几乎是每个企业都要考虑的税务问题，只要企业盈利，就需要对经营所得和其他所得征收企业所得税。这两种税在处理时也比较复杂，所以很容易使财会人员走入纳税误区。为了顺利完成这两种税的计缴工作，纳税人要深入认识可能存在的误区。

误区
No.046

扩大消费税的征收范围对纳税人不利

消费税是在对货物普遍征收增值税的基础上，选择少数消费品再行征收的一种税，主要是为了调节产品结构、引导消费方向并保证国家财政收入。因此，"消费税的征收会对纳税人不利"的说法并不十分准确，纳税人切忌走入消费税的认知误区。

我国不断调整消费税的征收政策，目的是想通过"税价联动"的方式控制高耗能、高污染及部分高档消费品的销售，进而促进"节能减排"，推动污染治理，鼓励新能源发展，调节消费需求，引导消费行为，并间接地调整整个市场的收入分配。

但现实情况是，对某些"有害"或"浪费"的消费行为额外征税，会给政府带来额外税收收入，以至于本来需要抑制的行业反而会获得政府的支持，比如卷烟的生产、销售和批发等，对卷烟征收消费税的初衷是要限制卷烟行业的发展，但结果却是鼓励了各地企业争相开办卷烟厂。在污染日益严重的今天，国家更加重视对环境的保护，因此，消费税的征收目的并不是增加财政收入，而是调节市场消费结构。

在消费税的征收政策调整过程中，有些人或多或少会差生一些认识误区，主要有如下几点。

误区一：扩大消费税征税范围一定是国家要扩大财政收入

在现行税法的规定中，消费税的征收范围比以前大很多，一些高耗能、高污染和高档消费品等都纳入了消费税的征收范围。在当前市场中的企业总数不变的情况下，很多原本不需要缴纳消费税的企业要依据最近的税法规定开始缴纳消费税，这确实能增加国家的财政收入。

但是，我国消费税的征收是有选择性的，只对特定商品征收。如果只是为了增加财政收入，那么国家制定的消费税政策大可以将征税范围扩大到其他不是高耗能、高污染或高档消费的产品上面去。由此可见，国家扩大消费税的征收范围的主要目的并不是筹集财政资金，而是对市场进行调控，限制消费、调节贫富差距并减少对资源的浪费。

误区二：征收消费税就能很好地引导消费行为

征收消费税确实能在一定程度上减少市场中经营高耗能或高污染产品的企业数量或者产品数量，但不能说明这一定能把消费行为往好的方面引导。因为，在市场交易中，购买行为只要不是强买强卖就是合理的，如果对特定的正常消费行为额外加征消费税，本质上是对消费行为的惩罚，而惩罚正常交易行为不具有正当性，反而达不到抑制某种消费行为的目的。

比如，对某些商品有选择性地额外征税，人们往往会选择另外一种同质或相似的商品代替，原有商品的销售受到抑制的同时，其对经济的带动作用也会随之受到抑制，有时甚至会影响当地的经济发展状况，进而会反作用于消费行为，可能的结果是：经济得不到发展，人们购买力水平降低，促使其选择价格更便宜但更加不健康甚至危害更严重的产品。

我们要正确认识消费税的征收政策，一方面，它确实可以增加政府的财政收入；另一方面，消费税的征收并不是为了增加财政收入。这就是消费税征收政策的"作用"与"目的"的区别。

委托加工的应税消费品的消费税不能计入产品成本

在会计处理上，消费税、城建税、教育费附加和印花税等税费都是计入"税金及附加"科目进行核算的。因此，很多人会错误地认为，委托加工的应税消费品的消费税也计入"税金及附加"科目核算，而不能计入产品成本，这种税务处理手法是不正确的。

事实上，委托加工的应税消费品的消费税要计入产品的成本。根据《中华人民共和国消费税暂行条例》及其实施细则的规定，委托加工的应税消费品，由受托方在向委托方交货时代收代缴消费税；委托加工的应税消费品收回后直接用于销售的，在销售时不再缴纳消费税；收回后用于连续生产应税消费品的，其已经由受托方代扣代缴的消费税可按规定进行扣除。

某卷烟厂委托 H 工厂将一批价值 150 万元的烟叶加工成烟丝，协议规定加工费 112.5 万元，加工的烟丝运回卷烟厂后，厂里需要继续加工成甲类卷烟，加工成本和分摊费用共计 142.5 万元。已知该批卷烟销售额为 1050 万元，其中，烟丝消费税税率为 30%，甲类卷烟的消费税税率为 56%，企业所得税税率为 25%。在不考虑增值税的情况下，该卷烟厂涉及的税务处理如下。

1. 卷烟厂在向 H 工厂支付加工费的同时，还要向工厂支付其代收代缴的消费税。

消费税组成计税价格 =（150+112.5）÷（1–30%）= 375（万元）

应缴消费税 = 375×30% = 112.5（万元）

这里的组成计税价格可看成是产品成本，金额为 375 万元。如果不将应交消费税 112.5 万元计入产品成本，则组成计税价格会变成 262.5（150+112.5）万元。由此可见，代收代缴的 112.5 万元消费税包含在 375 万元的产品成本中。

2. 卷烟厂收回烟丝继续生产卷烟，销售后确认应缴消费税。

应缴消费税 = 1050×56%–112.5 = 475.5（万元）

税后利润 =（1050–150–112.5–112.5–142.5–475.5）×（1–25%）= 57×75% = 42.75（万元）

若案例中的卷烟厂委托 H 工厂直接生产甲类卷烟，收回后便可直接对外销售，在烟丝价值 150 万元、卷烟销售额 1050 万元及其他税率不变的情况下，将支付给 H 工厂的加工费提高为 255 万元，则卷烟厂只支付 H 工厂代收代缴的消费税，自行销售时不再缴纳消费税。这种情况下，应缴消费税为：（150+255）÷（1–56%）×56% ≈ 515.45 万元，其税后利润为：（1050–150–255–515.45）×（1–25%）≈ 97.16 万元。

为什么委托加工环节的消费税可以计入产品成本中呢？因为在计算企业所得税时，消费税是可以抵扣的，所以委托加工环节的消费税可事先计入产品成本中，方便以后在计算企业所得税时不再单独扣除该环节的消费税。所以，"委托加工的应税消费品的消费税不能计入产品成本"的说法是不正确的。

纳税人需要注意，消费税的征税方式有 3 种，分为从价征收、从量征收以及从价从量复合征收。无论是哪种征收方式，都不影响其委托加工应税消费品的消费税要计入产品成本中去的事实。

误区
No.048

所有消费税都在生产、委托加工或进口环节缴纳

很多人认为，在消费产品的整个流通过程中，只有生产、委托加工和进口环节才会涉及消费税的征收问题。而实际上，除生产、委托加工和进口环节外，还有一些特殊的商品或特殊的业务在零售环节或批发环节征收消费税。具体内容见表 5-1。

表 5-1　需要缴纳消费税的经营环节

环　节	业　务
生产销售环节（含委托加工业务）	1. 纳税人生产的应税消费品，对外销售的，在销售时纳税； 2. 纳税人自产自用的应税消费品，用于连续生产应税消费品的，不缴纳消费税； 3. 纳税人自产自用的应税消费品，用于其他非连续生产应税消费品的，在移送使用时缴纳消费税； 4. 委托单位加工的应税消费品，由受托方在向委托方交货时代收代缴消费税（实际上是受托方帮委托方递交税款）； 5. 委托个人加工的应税消费品，由委托方收回委托加工产品后自行缴纳消费税
进口环节	纳税人进口应税消费品，应缴纳关税、进口消费税和进口增值税，由海关代征，进口报关者在报关进口时缴纳
零售环节	金银首饰、钻石及钻石饰品和铂金首饰等在零售环节征收消费税，即零售者在零售环节缴纳消费税： 1. 纳税人从事零售业务（含以旧换新）的，在零售时缴纳消费税； 2. 用于馈赠、赞助、集资、广告、样品、职工福利和奖励等方面的，在移送时缴纳消费税； 3. 带料加工或翻新改制的，在受托方交货时由受托方缴纳消费税（区别于其他消费品的委托加工）

续表

环　节	业　务
批发环节	在批发环节征收的消费税仅限于卷烟，且是对卷烟加征的一道消费税，采用从价计征方式，税率为 5%

需要明确的是，带料加工或翻新改制金银首饰和钻石及钻石饰品等业务，其消费税的计税依据为受托方的同类商品的价格。如果没有同类商品，则按组成计税价格计缴消费税，"组成计税价格 =（材料成本 + 加工费）÷（1−5%）"。另外，带料加工的增值税计税依据为加工费收入（不含税加工费）。

针对消费税，我国有一定的出口政策，具体有以下 3 方面内容。

①有出口经营权的外贸企业，出口时对消费税实行免税并退税。即有出口经营权的外贸企业购进应税消费品直接出口，以及外贸企业受其他外贸企业委托代理出口应税消费品的，免其出口时应缴纳的消费税，并且退还其购进应税消费品时负担的消费税。需要注意的是，外贸企业只有受其他外贸企业委托代理出口应税消费品的才可办理退税，若受其他企业（主要是非生产性的商贸企业）委托，则代理出口应税消费品不予退免税。

②有出口经营权的生产性企业，自营出口或委托外贸企业代理出口的，出口时对消费税实行免税但不退税。即有出口经营权的生产性企业，自营出口或委托外贸企业代理出口自产应税消费品的，依照其实际出口数量免征消费税，但不予办理退还消费税。这里的"免征消费税"是指对生产性企业按其实际出口数量免征生产环节的消费税；"不予办理退还消费税"是指因已经免征生产环节的消费税导致消费品出口时已不含有消费税，所以就不再办理退还消费税。

③其他商贸企业出口应税消费品的，不免税也不退税。即除了生产企业和外贸企业以外的其他企业，一般指商贸企业，在委托外贸企业代理出口应税消费品时，一律不予退（免）税。

北京一家具有出口经营权的生产性公司F（非商贸企业），2017年8月发生如下经济业务。

1. 公司8月4日委托G公司加工应税消费品，提供需要加工的材料，成本为10000元，加工费4500元，消费税税率为5%。公司收货后直接出口，其作价为22000元。该公司计算G公司代收代缴的消费税如下：

$$应税消费品的组成计税价格 = （10000+4500）÷（1-5\%）$$

$$≈ 15263.16（元）$$

G公司代收代缴的消费税 = 15263.16×5% ≈ 763.16（元）

也就是说，当该公司出口该批应税消费品时，应由税务机关退还委托加工环节缴纳的消费税763.16元。

2. 该公司3月还销售金银镶嵌首饰，销售额为182413.5元。已知该批金银镶嵌首饰耗用了外购已税琥珀1412元，增值税进项税额240.04元；耗用外购玛瑙17075元，增值税进项税额2902.75元。该公司对这一项业务计算应缴纳的消费税如下：

$$应纳消费税 = （182413.5-17075）×10\% = 16533.85（元）$$

公司月度终了向税务机关申报纳税时，被认定其第一项经济业务处理正确，而第二项经济业务处理错误。

第一，根据税法规定，有出口经营权的生产性企业，自营出口或委托外贸企业代理出口自产的应税消费品，依照其实际出口数量免征消费税，但不予办理退还消费税。但是，该企业在委托加工生产环节没有免征消费税，所以应退还委托加工环节缴纳的消费税763.16元，即第一项业务的税务处理是正确的。

第二，税法规定，纳税人用外购的已税珠宝玉石等生产的，该在零售环节征收消费税的金银首饰（含镶嵌首饰），在计税时一律不得扣除外购珠宝玉石的已纳税款（即进项税额）。所以，该公司扣除外购宝石的已纳税款计算出的应纳消费税额就是错误的，正确计算如下：

应纳消费税 = 182413.5 × 10% = 18241.35（元）

"买一赠一"活动的企业所得税统一计算

"买一赠一"活动的企业所得税缴纳与增值税不同，增值税下，"买一赠一"的赠送行为视同销售，要按照赠品的市场价格计缴增值税；而企业所得税下，"买一赠一"的总收入要按照各商品的市场价格进行分摊，企业所得税的计算应是分开核算后的总额。

根据国家税务总局关于确认企业所得税的相关通知的规定，企业以买一赠一等方式组合销售本企业商品的，不属于捐赠，应将总的销售收入按各项商品的公允价值比例来分摊确认各项商品的销售收入。同时，在企业所得税法中，"买一赠一"是将随商品赠送视同捆绑销售看待，不作视同销售。

也就是说，"买一赠一"的行为性质是指它属于两种销售行为的组合，只不过没有分别定价而已，而不是一个销售行为和一个赠送行为的组合。

某生活超市为了提高甲产品的销售数量，决定在销售时附赠乙产品。已知甲产品的不含税售价（公允价值）为 500 元，成本为 350 元，附赠的乙产品不含税售价（公允价值）为 25 元，成本为 15 元，则企业所得税的计缴情况如下：

1. 确认甲产品的销售收入

分摊比例 = 500 ÷（500+25）×100% ≈ 95.24%

甲产品应分摊的销售收入 = 500×95.24% = 476.2（元）

甲产品对应的成本 = 350（元）

2. 确认乙产品的销售收入

分摊比例 = 25 ÷（500+25）×100% ≈ 4.76%

乙产品应分摊的销售收入 = 500×4.76% = 23.8（元）

乙产品对应的成本 = 15（元）

3. 计缴该企业应纳企业所得税

应纳企业所得税 =（476.2−350+23.8−15）×25% = 33.75（元）

由此可见，在计算"买一赠一"活动的企业所得税应纳税额时，要以主要产品的销售价格作为销售收入，以主要产品和附赠产品的成本总额作为销售成本，计算销售利润，然后再计缴应纳企业所得税税额。

误区
No.050

企业所得税只有实际缴纳时才能弥补以前年度亏损

根据我国税法有关规定，企业每一纳税年度的利润总额都可以弥补前 5 个纳税年度的亏损额。当一个纳税年度的利润全部用来弥补以前年度亏损时，则当年的利润不征收企业所得税；当一个纳税年度的利润部分弥补以前年度亏损时，用于弥补亏损的部分利润不作为应纳税所得额，而其他部分在减去不征税收入、免税收入和各项扣除项目后作为应纳税所得额计征企业所得税。

由此可知，企业在没有缴纳企业所得税之前可利用利润总额弥补以前年度亏损，所以，"企业所得税只有实际缴纳时才能弥补以前年度亏损"的说法是不正确的。

问：企业季度预缴所得税时是否可以弥补以前年度亏损？

答：企业所得税预缴时可以弥补以前年度亏损。这时，企业的实际利润额将为"利润总额 + 特定业务计算的应纳税所得额 – 不征税收入和税基减免应纳税所得额 – 固定资产加速折旧（扣除）调减额 – 弥补以前年度亏损"的余额，然后企业根据余额计算并预缴企业所得税。

问：企业所得税预缴时能否弥补当年度前几个季度的亏损？

答：企业所得税是按年汇缴、季度预缴的方式缴纳的，在网上报税系统中，企业所得税（月）季度预缴纳税申报表（A 类）以"累计数"为计税依据。累计利润总额为正数时，乘以税率，就可计算缴纳企业所得税；累计利润总额为零或负数时，企业所得税应进行零申报。所以，企业所得税预缴时能弥补当年度所有季度的亏损。

问：企业清算时，是否可以弥补以前年度亏损？

答：企业清算时可以弥补以前年度亏损，但是结转年限最长不得超过 5 年。另外，根据财政部和国家税务总局关于企业清算业务的企业所得税处理等相关规定，企业清算的所得税处理包括弥补亏损和确定清算所得。

比如，某企业 2010 ～ 2016 年间的利润总额分别为 −1000 万元、200 万元、100 万元、200 万元、200 万元、250 万元以及 120 万元。根据企业所得税法规定，弥补期最长不得超过 5 年，也就是说，2010年期末表现为亏损 1000 万元，以后的 5 年利润可弥补该亏损，即：200+100+200+200+250 ＝ 950（万元），这 5 年虽然能弥补 950 万元的亏损，但依然还有 50 万元的亏损没有弥补。2016 年虽然盈利 120 万元，但因为弥补亏损期限为 5 年，所以这 120 万元不能用于弥补剩余 50 万元的亏损。

需要纳税人注意的是，如果企业上年度亏损，而当年还没有申报汇算清缴，则缴税系统是没有亏损记录的，企业在季度申报企业所得税时就会无法弥补以前的年度亏损。另外，企业所得税的 5 年弥补期是不包括亏损年度在内的，也就是说，如果在弥补以前年度亏损的过程中，又出现了亏损年度，则亏损弥补的年份往后顺延。

误区
No.051

关于企业所得税预缴的问题

根据《中华人民共和国企业所得税暂行条例》和《实施细则》的规定，缴纳企业所得税时，按年计算，分月或分季预缴，一般月份或季度终了后 15 日内预缴，年度终了后 4 个月内汇算清缴，多退少补。

在预缴方式上，纳税人预缴所得税时，应按纳税期限的实际数预缴；按实际数预缴有困难的，可按上一年度应纳税所得额的 1/12 或 1/4，或者经当地税务机关认可的其他方法分期预缴所得税。预缴方法一经确定，就不得随意改变。由此可见，企业所得税的预缴工作比较复杂，其中常见的误区有以下 7 个。

误区一：预缴申请表中"营业收入 - 营业成本 = 利润总额"

根据预缴申请表的填报说明可知，该表中的"利润总额"=企业财务报表（利润表）中的"利润总额"。所以，企业所得税季度预缴申请表中的"利润总额"与营业收入和营业成本之间不存在钩稽关系。而按照国家税务总局制表惯例，表中存在钩稽关系的"行"或"列"，一般会在填表时标注计算公式，即表内关系。

误区二：预缴申请表中的"营业成本"包含期间费用

根据预缴申请表的填报说明可知，"营业成本"行主要是列示纳税人营业成本数额，不参与计算。因此，企业所得税预缴申请表中的"营业成本"不包括营业外支出和期间费用。

误区三：企业所得税预缴根据利润表中的"利润总额"进行

根据《企业所得税法》的相关规定，应纳税所得额是指企业每一纳税年度的收入总额，减去不征税收入、免税收入、各项扣除以及允许弥补的以前年度亏损后的余额（实际利润额）。所以，企业所得税预缴是根据实际利润额来预缴的，不是根据利润表中的利润总额进行预缴，也不是根据应纳税所得额预缴。

误区四：小型微利企业在所得税预缴时不能享受税收优惠

国家税务总局《关于贯彻落实进一步扩大小型微利企业减半征收企业所得税范围有关问题的公告》规定，符合规定条件的小型微利企业，在月份或季度预缴企业所得税时，可以自行享受小型微利企业所得税优惠政策，无须税务机关审核批准。

小型微利企业在预缴和汇算清缴时，通过填写《企业所得税纳税申报表》的"从业人数"和"资产总额"等栏次履行备案手续，不再另行专门备案。

误区五：未取得发票的成本和费用，不能在企业所得税预缴前扣除

根据国家税务总局关于企业所得税若干问题的公告的相关规定，企业当年度实际发生的相关成本和费用，由于种种原因而未能及时取得相应成本或费用的有效凭证，企业在预缴季度所得税时可暂按账面发生全额进行核算；但在汇算清缴时，应补充提供相应成本或费用的有效凭证才能在所得税前扣除。所以，未取得发票的成本和费用，可以按账面发生全额，在企业所得税预缴前扣除。

误区六：高新技术企业资格复审期间，不能按 15% 的税率预缴企业所得税

根据国家税务总局关于高新技术企业资格复审期间企业所得税预缴问题的公告的规定，高新技术企业应在资格期满前 3 个月内提出复审申请，在通过复审之前且其高新技术企业资格有效期内，企业当年的企业所得税暂按 15% 的税率预缴。也就是说，若高新技术企业在提出复审但其高新技术企业资格已经过了有效期的，企业当年的企业所得税就不能按 15% 税率预缴。只有在通过资格复审之前且其高新技术企业资格在有效期内，企业当年的企业所得税才能暂按 15% 的税率预缴。

误区七：只要年度企业所得税汇算清缴如实且争取，季度预算就可随意进行

在税务实务中，不少企业都会认为，只要在年度汇算清缴所得税

时如实申报并准确缴纳，则在月份或季度预缴时就可随意预缴，甚至有的企业在季度预缴时都进行零申报，而将全部企业所得税预缴款放到汇算清缴时一起缴纳。

实际上，企业在填报所得税预缴申报表时，应按照税法的规定，按月或按季度如实预缴，不能将所有预缴款都汇总到汇算清缴时缴纳。

误区
No.052

自查调增的应纳税所得额不能弥补亏损

相关税法规定，企业自查调增的应纳税所得额可以弥补以前年度亏损。纳税人切忌走入"自查调增的应纳税所得额不能弥补亏损"的误区中。另外，企业自查调减的应纳税所得额，如果多缴了所得税，则暂不办理退税，而是用于抵减以后年度应纳税额。

国税局发布的关于企业所得税若干业务问题的通知有规定，纳税人查增的所得额不得用于弥补以前年度亏损。该规定是指企业纳税人进行汇算清缴之后，税务机关检查调增的应纳税所得额，而不包括纳税人根据有关规范性文件自行调增的数额。

由此可知，企业自查调增的应纳税所得额可以弥补以前年度亏损，但由税务机关检查调增的应纳税所得额不能用于弥补以前年度亏损，纳税人要分清楚这两种检查调增情况。

很多人会问，企业自查时，除了会调增应纳税所得额，还会发生调减应纳税所得额的情况，此时又会有什么注意事项呢？通常来说，企业自查发生调增或调减应纳税所得额时，可能引起税务会计差异，其中，调减应纳税所得额可能会涉及多缴所得税的问题。

根据《税收征收管理法》的相关规定，纳税人超过应纳税额缴纳的税款，税务机关发现后应立即退还；纳税人自结算缴纳税款之日起3年内发现的多缴企业所得税税款，可向税务机关要求退还多缴的税款，并加算银行同期存款利息，税务机关及时查实后立即退还；涉及从国库中退库的，依照法律和行政法规有关国库管理的法规退还。针对这些情况，可经纳税人同意，然后用多缴的企业所得税抵缴其下一年度应缴的企业所得税税款。

误区
No.053
跨年度支付的工资不能税前扣除

在企业实际经营过程中，很可能因为资金周转不灵或固定时间发放等原因延迟发放员工的工资，有的甚至跨年度支付。由于工资的发放会影响企业缴纳企业所得税，所以，纳税人要明确跨年度支付的工资应在哪个期间扣除。

根据《国家税务总局关于企业工资薪金及职工福利费扣除问题的通知》规定：税务机关在对工资薪金进行合理性确认时，可按以下原则掌握，一，企业制定了较为规范的员工工资薪金制度；二，企业所制订的工资薪金支付符合行业及地区水平；三，企业在一定时期发放的工资薪金是相对固定的，工资薪金的调整是有序进行的；四，企业对实际发放的工资薪金已依法履行代扣代缴个人所得税义务；五，有关工资薪金的安排，不以减少或逃避税款为目的。

由上述规定可知，如果企业在2016年底前已经计提且明确到个人的工资费用、已经代扣代缴了个人所得税、符合上述 5 个原则且企业在汇算清缴期限内完成了发放的，可认定为纳税年度实际发生的工资发放情况，这样的工资薪金支出可以在所属纳税年度进行税前扣除。

如果企业向员工支付工资薪金的行为发生在 2017 年，且是在 2016 年度汇算清缴期限终了后补发上年度或以前纳税年度的合理工资薪金，则应在工资薪金支出的实际发放年度进行税前扣除，即在 2017 年底汇算清缴期限内对该工资薪金支出进行企业所得税税前扣除。比如，某企业在 2017 年 1 月时发放员工 2016 年 12 月的工资，只要是在 2016 年度的汇算清缴期限终了前发放，则可在 2016 年的企业所得税税前扣除。

也就是说，跨年度支付的工资如果在纳税年度汇算清缴前发生，就可以在当年的企业所得税税前扣除；如果跨年度支付的工资在纳税年度汇算清缴后发生，就只能在次年的企业所得税税前扣除。所以，"跨年度支付的工资不能税前扣除"的说法不准确。

误区
No.054

"公司＋农户"经营均可免征企业所得税

"公司＋农户"，顾名思义是将"大公司"与"小农户"联结起来。这种经营模式在农民学习生产技术、规模市场风险和规模经营增收等方面发挥了重要作用。

目前，人们对"公司＋农户"模式的理解有两种：一是它不仅指企业与农户以签约形式建立互惠互利的供销关系，还包括合资及入股的紧密型联合，也包括不受合同约束的松散型联合；二是指以具有实力的加工、销售型企业为龙头，与农户在平等、自愿和互利的基础上签订经济合同，明确各自的权利、义务和违约责任，通过契约机制结成利益共同体，企业向农户提供产前、产中和产后服务，按合同规定收购农户生产的产品，建立稳定供销关系。

但是，由于农户与公司之间实力差距太大，不是完全平等的市场关系，同时还缺乏其他力量的制衡，导致这一模式在操作过程中容易出现其缺陷，即农户在生产经营过程中没有话语权、自主意志得不到体现，农户与公司的权责严重不对等，条约有失公平，利益分配完全由公司单方面决定，这就使公司与农户两者很难达到双赢的效果。

而我国为了鼓励"公司＋农户"经营模式的采用，特别制定了相关的税收优惠政策，比如 2010 税务总局发布的《关于"公司＋农户"经营模式企业所得税税收优惠问题的公告》。公告明确，采取"公司＋农户"经营模式的企业，从事农、林、牧、渔业项目生产的企业，可按照《中华人民共和国企业所得税法实施条例》的相关规定，享受减免企业所得税优惠政策。

《企业所得税法实施条例》按照《国民经济行业分类》中列举的农、林、牧、渔业项目，根据与基本生活必需的关系亲疏，将农业生产项目分为免税和减半征收两类：涉及国计民生最基础、最重要的项目，关系到最大多数人生计和健康的项目，以及最薄弱、最需要扶持的项目等，给予免税待遇；对有一定收入，国家在一定期间仍鼓励发展，仍需要扶持的项目，实施减半征收，其他项目及国家禁止和限制发展的项目，不得享受免征或减半征收的税收优惠。

根据相关文件的规定，符合减免企业所得税的"公司＋农户"经营模式的条件有以下一些。

◆ 公司与农户之间存在劳务外包关系，而非劳动雇佣关系。

◆ 公司负责市场、管理、采购和销售等经营职责，而农户负责具体的农业生产活动。

◆ 主要经营风险由公司承担，而非农户。

例如，某企业是棉花经销企业，主要从事各类棉花的供销业务，其传统的经营模式是，企业从各地收购天然棉花，进行加工后出售。假设各项经营收入在扣除收购成本和其他成本费用后，年利润为 250 万元，则该企业应缴纳企业所得税为：250×25% = 62.5 万元。

如果企业采用"公司＋农户"经营模式，与农户签订委托生产协议，企业提供棉花种苗和种植技术等生产条件，并负责市场销售，而农户根据公司的统一管理和要求进行生产和初加工，再由公司精加工后统一出售，扣除各项成本费用后企业获利 250 万元，根据相关税法规定，公司可减半缴纳企业所得税，即应缴纳企业所得税为：250×25%÷2 = 31.25 万元，节省税费 31.25 万元。

"公司＋农户"经营模式不仅有减半征收企业所得税的税收优惠，在极其特殊的情况下还会有免征企业所得税的税收优惠。

误区
No.055
境内企业购买境外企业的股权需代扣代缴企业所得税

"境内企业购买境外企业的股权需代扣代缴企业所得税"的说法是不正确的，事实上，中国境内企业要购买境外企业的股权时，是不需要代扣代缴企业所得税的。但如果存在间接股权转让的问题（如实际转让是中国境内企业之间的股权转让），则需要主管税务机关依据实际情况进行判定，主要有以下几种情况。

①非居民企业在中国境内设立机构和场所的，应就其所设机构和场所取得的、来源于中国境内的所得，以及发生在中国境外但与其所设机构和场所有实际联系的所得，缴纳企业所得税。

②非居民企业在中国境内未设立机构或场所的，或者虽设立了机构或场所但经营所得与其所设机构或场所没有实际联系的，应就其来源于中国境内的所得缴纳企业所得税。

上述两种情况就属于境内企业间接转让股权的问题，所以其经营所得需要缴纳企业所得税。

问：境内企业为居民企业的，股权转让时是否要缴纳企业所得税？

答：境内企业为居民企业的，在发生股权转让业务时，不需要代扣代缴企业所得税。

问：股权转让双方均为非居民企业且在境外交易的，如何申报缴纳企业所得税？

答：《非居民企业所得税源泉扣缴管理暂行办法》规定，股权转让双方均为非居民企业且在境外交易的，由取得所得的非居民企业自行或委托代理人向被转让股权的境内企业所在地主管税务机关申报缴纳企业所得税。同理，境外企业之间相互转让其掌握的境内企业的股权时，也需要取得所得的企业在被转让股权的企业所在地主管税务机关申报缴纳企业所得税。

CHAPTER

06

企业固定资产税务处理容易犯错

企业生产经营过程中，对固定资产的处理会涉及很多税务问题。因为固定资产的处置包括计提折旧、减值准备和固定资产清理等工作，所以其税务处理相对较复杂，也容易犯一些纳税错误。为了避免走入纳税误区，纳税人要全面掌握固定资产的税务处理易错点。

误区
No.056

购入的在建工程进项税额都能分两年抵扣

财政部　国家税务总局财税〔2016〕36 号文附件 2 及国家税务总局 2016 年第 15 号公告规定：适用一般计税方法的试点纳税人，2016 年 5 月 1 日后取得并在会计制度上按固定资产核算的不动产，或者 2016 年 5 月 1 日后取得的不动产在建工程，其进项税额应自取得之日起分两年从销项税额中抵扣，第一年抵扣 60%，第二年抵扣 40%。

公告中的"取得的不动产"，包括以直接购买、接受捐赠、接受投资入股和抵债等各种形式取得的不动产；"不动产在建工程"包括纳税人新建、改建、扩建、修缮和装饰不动产。而不动产是指不能移动或移动后会引起性质及形状改变的财产，包括建筑物和构筑物，如住宅、商业营业用房、办公楼、道路、桥梁、隧道和水坝等。

一般纳税人企业的在建工程，只要是用于增值税应税项目的，其进项税额都可以抵扣，但前提是要在 2016 年 5 月 1 日之后取得的不动产在建工程，也就是说，2016 年 5 月 1 日之前取得的不动产在建工程的进项税额不能抵扣。所以，"购入的在建工程进项税额可以抵扣"的说法并不完全准确，纳税人要避免走入纳税误区。

纳税人还要注意，不动产或不动产在建工程在可以抵扣进项税额的情况下，其抵扣还有不同的两种情形，具体介绍如下。

需要分两年抵扣的不动产及在建工程范围

主要是增值税一般纳税人在试点实施后取得的不动产，包括以直接购买、接受捐赠、接受投资入股和抵债等形式取得的不动产，并在会计制度上按固定资产核算的不动产；增值税一般纳税人在试点实施后发生的不动产在建工程，包括新建、改建、扩建、修缮和装饰不动产等。

另外，国家税务总局《不动产进项税额分期抵扣暂行办法》的公告（国家税务总局公告 2016 年第 15 号）规定：纳税人 2016 年 5 月 1 日后购进货物、设计服务和建筑服务，用于新建不动产或用于改建、扩建、修缮及装饰不动产，并将不动产原值（取得不动产时的购置原价或作价）提高 50% 及以上的，其购进货物、涉及服务或建筑服务所发生的进项税额可按规定分两年从销项税额中抵扣。

由此可知，对分两年抵扣的不动产在建工程项目范围，主要限定在了构成不动产的实体货物以及与不动产有直接联系的设计服务和建筑服务上。具体项目有以下一些。

◆ 构成不动产实体的购进货物

该类货物主要包括建筑装饰材料以及排水、采暖、卫生、通风、照明、通讯、煤气、消防、中央空调、电梯、电气、智能化楼宇设备和配套设施等。

◆ 设计服务和建筑服务

如果纳税人为增值税一般纳税人，且其购进设计服务和建筑服务直接用在不动产在建工程项目上，则需要按如下情况分别处理。

不动产在建工程项目属于新建不动产，根据国家税务总局 2016 年第 15 号公告的相关规定，相应购进设计服务和建筑服务的进项税额中的 60% 可以在当期抵扣，剩余 40% 要在取得扣税凭证的当月起第 13 个月抵扣。

不动产在建工程项目属于改建、扩建、修缮或装饰不动产的，如果购进的设计服务或建筑服务的成本没有计入不动产原值，则购进设计服务或建筑服务对应的进项税额可在当期一次性全部抵扣。但如果购进设计服务或建筑服务的成本计入了不动产的原值，则又需要分两种情况抵扣进项税额：购进设计服务或建筑服务的成本没有达到不动产原值的 50%，对应的进项税额可当期一次性全部抵扣；购进设计服务或建筑服务的成本达到或超过不动产原值的 50%，对应的进项税额要按照"第一年抵扣 60%，第二年的抵扣 40%"的方式进行抵扣，40%的部分要在取得扣税凭证的第 13 个月抵扣。

不需要分两年抵扣的不动产及在建工程范围

该类不动产及在建工程是指可一次性全额抵扣进项税额的不动产和在建工程，如图 6-1 所示的是一些不需要分两年进行进项税额抵扣的不动产和在建工程。

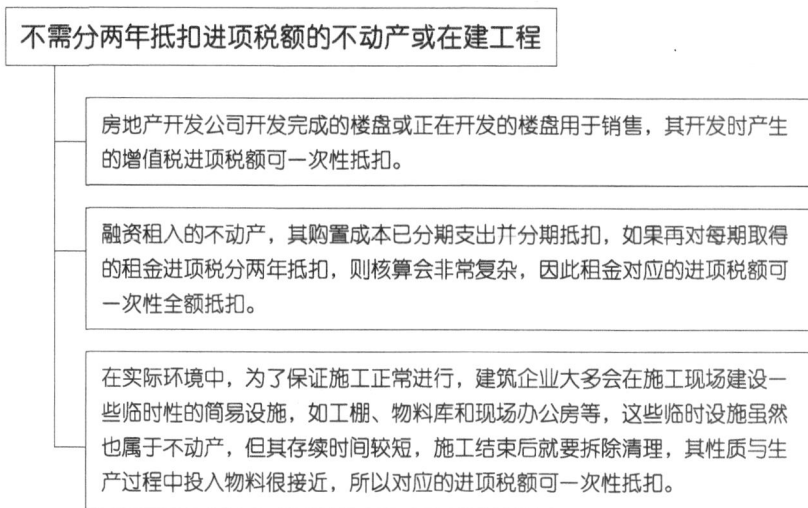

```
┌─────────────────────────────────────────────────┐
│ 不需分两年抵扣进项税额的不动产或在建工程          │
└─────────────────────────────────────────────────┘
    ├─ 房地产开发公司开发完成的楼盘或正在开发的楼盘用于销售，其开发时产生
    │  的增值税进项税额可一次性抵扣。
    │
    ├─ 融资租入的不动产，其购置成本已分期支出并分期抵扣，如果再对每期取得
    │  的租金进项税分两年抵扣，则核算会非常复杂，因此租金对应的进项税额可
    │  一次性全额抵扣。
    │
    └─ 在实际环境中，为了保证施工正常进行，建筑企业大多会在施工现场建设一
       些临时性的简易设施，如工棚、物料库和现场办公房等，这些临时设施虽然
       也属于不动产，但其存续时间较短，施工结束后就要拆除清理，其性质与生
       产过程中投入物料很接近，所以对应的进项税额可一次性抵扣。
```

图 6-1

需要注意的是，2016 年 5 月 1 日全面营改增后，在建工程设计费、项目咨询费和外包装广告费等，无论是否为在建工程服务，其取得的增值税专用发票都可作为进项税额的抵扣凭证，也就是说，在建工程设计费、项目咨询费和外包装广告费等对应的进项税额可以抵扣。

误区
No.057

不同固定资产的计税基础都为历史成本

资产的计税基础是指企业在收回资产账面价值过程中，计算应纳税所得额时按税法规定可以用于抵扣税额的金额，即企业在卖出固定资产时，用收入金额减去计税基础后的余额计缴企业所得税。

资产计税基础与资产的账面价值相对应，有时两者是一致的，但有时两者也会存在差异。由于会计与税法的核算目的不同，对于收入的确认、成本的扣除以及资产的处理等，两者常常会产生差异，这种情况下就很容易出现资产的计税基础与账面价值不一致的问题。

比如，某企业持有一项交易性金融资产，在资产负债表日会将持有期间发生的公允价值变动损益反映出来，增加资产账面价值的同时增加企业的当期损益；但按税法的规定，该公允价值变动损益并不计入应纳税所得额，因而其计税基础不变，仍为其历史成本，而其账面价值却是历史成本加上公允价值变动损益后的余额，所以账面价值与其计税基础之间就出现了差异。

在企业经营过程中，资产的公允价值变动、计提折旧、减值准备以及存货的跌价准备等账务处理，都会导致资产或存货的账面价值与其计税基础产生差异。

"不同的固定资产其计税基础不同"的说法是针对企业所得税而

言的，且该说法是正确的。《中华人民共和国企业所得税法实施条例》的相关规定称：企业的各项资产，包括固定资产、生物资产、无形资产、长期待摊费用、投资资产和存货等，都以历史成本为计税基础，很多纳税人根据该规定就误以为不同的固定资产其计税基础是相同的，其实，这是一个比较容易区分的纳税误区。

该规定中的"历史成本"是指企业取得相应资产时实际发生的支出，固定资产也一样。然而在实际经营过程中，不同的固定资产在取得时实际发生的支出是不同的，所以其计税基础也会不同。

①外购的固定资产。以购买价款、支付的相关税费以及直接归属于使该资产达到预定用途而发生的其他支出的总和为计税基础。

②自行建造的固定资产。以竣工结算前发生的支出总额为计税基础。当企业销售自行建造的固定资产时，其企业所得税要根据销售收入减去竣工结算前的支出后的余额计算。

知识加油站

竣工结算和竣工决算是不同的概念。竣工结算是指企业与施工单位的结算工作，主要是核定工程量、价，目标是核实应支付给施工单位的款项；竣工决算是财务上的统计和审核，目的是归集工程的总投资额，该工作的主要成果是交付使用资产表，将工程上形成的资产列出明细，并将发生的相关费用分摊至资产中，最终形成资产明细、规格、数量和金额的表格，便于企业后续的固定资产和无形资产等资产管理。

③融资租入的固定资产。以租赁合同约定的付款总额和承租人在签订租赁合同过程中发生的相关费用的总和为计税基础。租赁合同没有约定付款总额的，以租入资产的公允价值和承租人在签订租赁合同过程中发生的相关费用的总和为计税基础。

④盘盈的固定资产。以同类固定资产的重置完全价值（重新购置新旧程度和盘盈固定资产一样的固定资产所需的全部支出）为计税基础。

⑤通过捐赠或投资等方式取得的固定资产。以资产的公允价值和支付的相关税费总和为计税基础。除此之外，通过非货币性资产交换或债务重组的方式取得的固定资产，也以资产的公允价值和支付的相关税费的总和为计税基础。

⑥改建的固定资产。除了已经足额提取折旧的固定资产的改建和租入固定资产的改建外，其他改建的固定资产以固定资产购买价款、支付的相关税费以及改建过程中发生的改建支出的总和为计税基础。而已经提足折旧的固定资产和租入的固定资产，其改建支出都计入长期待摊费用，不用于增加固定资产的计税基础。

误区
No.058

固定资产的改建支出都作为长期待摊费用在税前扣除

固定资产改建支出是指改变房屋或建筑物结构、延长其使用年限等发生的支出。已经足额提取折旧的固定资产的改建支出按照固定资产预计尚可使用年限分期摊销；租入固定资产的改建支出按照合同约定的剩余租赁期限分期摊销；其他的固定资产改建支出应适当延长折旧年限，且改建支出计入用于增加固定资产的成本。

根据《中华人民共和国企业所得税法》的相关规定，在计算应纳税所得额时，企业发生的下列改建支出可作为长期待摊费用，按规定摊销，并在税前扣除。

◆ 已提足折旧的固定资产的改建支出。

◆ 租入固定资产的改建支出。

◆ 固定资产的大修理支出。

◆ 其他应作为长期待摊费用的支出。

需要纳税人掌握的是，固定资产的日常修理支出可作为费用，但不能作为长期待摊费用直接在当期的税前扣除；融资租入固定资产的改建支出一般通过计提折旧来达到税前扣除的目的；经营租入固定资产的租赁费支出一般分期扣除，不适用作为长期待摊费用在企业所得税税前扣除。

换句话说，只有符合资本化条件的固定资产改建支出才能归类于长期待摊费用，分期摊销并做税前扣除。如果固定资产的改建支出不能资本化，则其不能作为长期待摊费用在税前扣除。

另外，纳税人需要明确的是，固定资产的改良支出是针对所有固定资产而言的，而改建支出特指房屋和建筑物的改良。

误区
No.059

所有固定资产折旧都能在税前扣除

根据企业所得税法的相关规定，在计算应纳税所得额时，企业按规定计算的固定资产折旧，准予扣除。一般来说，固定资产按照直线法计算的折旧可以在税前扣除，但也并不是所有固定资产折旧都能在税前扣除，以下的一些固定资产，其计提的折旧不能在税前扣除。

◆ 房屋和建筑物以外没有投入使用的固定资产。

◆ 以经营租赁方式租入的固定资产。

◆ 以融资租赁方式租出的固定资产。

◆ 已足额提取折旧但仍然在继续使用的固定资产。

◆ 与经营活动无关的固定资产。

◆ 单独估价并作为固定资产入账的土地。

◆ 其他不得计算折旧扣除的固定资产。

上述固定资产都是包含在企业为生产产品、提供劳务、出租或经营管理而持有的、使用时间超过 12 个月的非货币性资产中，如房屋、建筑物、机器、机械、运输工具以及其他与生产经营活动有关的设备、器具和工具等。

问：停产期间的固定资产计提的折旧能在企业所得税税前扣除吗？

答：很多企业可能会因为生产车间机器检修而暂时停产，而停产期间的固定资产会照常计提折旧，此时计提的折旧可以在企业所得税税前扣除，因为这种情况不属于"折旧不能税前扣除"的任何一种情况。

纳税人除了可能走入"所有固定资产折旧都能在税前扣除"的误区外，还可能走入另一误区：误认为所有固定资产都需要经过折旧来进行税前扣除。这种理解是不正确的，根据《国家税务总局关于固定资产加速折旧税收政策有关问题的公告》（国家税务总局公告 2014 年第 64 号）和《财政部　国家税务总局关于完善固定资产加速折旧企业所得税政策的通知》（财税〔2014〕75 号）的规定，有 3 种情形允许固定资产一次性计入当期成本费用并在企业所得税税前扣除，不再分年度计算折旧。

①企业在 2014 年 1 月 1 日后购进的、专门用于研发活动且单位价值不超过 100 万元的仪器和设备，可一次性在计算应纳税所得额时扣除。

只要同时符合这 3 项条件，不分行业，所有企业均可一次性税前扣除并不再分年度计算折旧。

②企业持有的、单位价值不超过 5000 元的固定资产，可一次性在计算应纳税所得额时扣除。企业在 2013 年 12 月 31 日前持有的单位价值不超过 5000 元的固定资产，其折余价值部分在 2014 年 1 月 1 日以后可一次性在计算应纳税所得额时扣除。

知识加油站

固定折余价值是指固定资产原值或重置价值减去已提折旧额后的余额，即固定资产的现有价值，也称固定资产账面净值。折余价值反映企业在固定资产方面实际占用资产总额及企业资产的构成情况。用原值和折余价值比较，能从总体上了解企业固定资产的新旧程度。

③六大行业（生物药品制造业，专用设备制造业，铁路、船舶、航空航天和其他运输设备制造业，计算机、通信和其他电子设备制造业，仪器仪表制造业，信息传输、软件和信息技术服务业）的小型微利企业，2014 年 1 月 1 日后新购进的研发和生产经营共用的仪器和设备，单位价值不超过 100 万元的，允许一次性计入当期成本费用，在计算应纳税所得额时扣除，不再分年度计算折旧。

纳税人要注意，企业专门用于研发活动的仪器和设备已享受税前扣除优惠政策的，在享受研发费加计扣除时，按照相关规定，就已经进行会计处理的折旧和费用等金额进行加计扣除。

另外，企业固定资产采取一次性税前扣除的，预缴申报时须同时报送《固定资产加速折旧（扣除）预缴情况统计表》，年度申报时，实行事后备案管理，并按要求报送相关资料，企业应将购进固定资产的发票和记账凭证等有关凭证与凭据（购入已使用过的固定资产，应提供已使用年限的相关说明）留存备查，并应建立台账，准确核算税法与会计差异情况。

误区
No.060

盘盈的固定资产的折旧费不能在税前扣除

盘盈的固定资产可以入账，所以也就可以计提折旧并在税前扣除。根据财政部《企业会计准则》的规定，企业在财产清查中盘盈的固定资产，应作为前期差错处理。在按管理权限报经批准处理前应先通过"以前年度损益调整"科目核算。

借：固定资产 （按重置成本，即盘盈固定资产当前的价值）
　　贷：以前年度损益调整

盘盈固定资产以重置成本入账后，重新设定预计可使用年限和预计净残值，然后按规定计提折旧。此时计提的折旧可在税前扣除。

借：以前年度损益调整
　　贷：应交税费——应交企业所得税

《企业所得税法》规定，企业在计算应纳税所得额时，按规定（直线法）计算的固定资产折旧准予扣除，其中，盘盈的固定资产以同类固定资产的重置完全价值为计税基础。

问：企业盘盈的固定资产由于没有原始的有效凭证，虽然可以"以同类固定资产的重置完全价值为计税基础"，但按照此方法确认价值后所计提的折旧额是否可以税前列支？是否要到税务机关补开发票？

答：《企业所得税法实施条例》规定，企业盘盈的固定资产以同类固定资产的重置完全价值为计税基础的情形不是交易行为，而是企业资产"以前没有入账，属于遗漏登记的资产"情形，在盘点过程中重新发现后，可以不索取原始的有效凭证，即可以不用到税务机关补开发票就能在税前列支。

问：盘盈的固定资产在按照规定全额计征所得税后，按会计准则的规定在以后期间计提的折旧能否在同期计算所得税时进行税前扣除？

答：根据《企业所得税法实施条例》的规定可知，盘盈的固定资产以同类固定资产的重置完全价值为计税基础，因此，盘盈的固定资产需要缴纳企业所得税，在以后年度计提的折旧也可以在当期所得税前扣除。

纳税人需要注意，盘盈的固定资产一般按其新旧程度估计累计折旧，这要与按照正常使用的固定资产折旧处理区别开来。

未提足折旧的固定资产改扩建后不调整税务

依据国家税务总局相关公告的规定，企业未提足折旧的固定资产的改扩建如果属于提升工程或增加面积的，则固定资产的改扩建支出将并入固定资产的计税基础，并从改扩建完工投入使用后的次月起重新按税法规定的固定资产折旧年限计提折旧。如果改扩建后的固定资产尚可使用，年限低于税法规定的最低年限，则固定资产按尚可使用的年限计提折旧。

企业未提足折旧的固定资产的改扩建如果属于推倒重置的，则固定资产原值减去提取折旧后的净值应并入重置后的固定资产计税成本，并在固定资产投入使用后的次月起按照税法规定的折旧年限计提折旧。

某房屋价值为 1500 万元，折旧年限为 15 年，已计提并扣除的折旧额为 800 万元，净残值为 300 万元。企业推倒房屋重置，在原地以 3000 万元新建了一幢生产车间。相关税务处理的分析如下。

该企业推倒重置的房屋没有提足折旧，所以其计税成本应为固定资产原值减去提取折旧后的金额与重置固定资产的价值总和，同时，该生产车间将重新按 15 年期限计提折旧。

生产车间计税成本 = 1500−800 + 3000 = 3700（万元）

如果企业只是在该房屋的基础上增加了部分面积，并花费 600 万元，已经计提的折旧额也为 800 万元（未提足折旧），这种情况下，新固定资产的计税成本应为原固定资产的计税基础加上改扩建支出的总和，同时，新固定资产将重新按 15 年期限计提折旧，而前面已经计提的 8 年折旧需要进行追溯调整。

新固定资产计税成本 = 1500+800 = 2300（万元）

由此可见，未提足折旧的固定资产进行改扩建时，已经计提的折旧额是否计入新固定资产的计税成本，要看其改扩建性质。并且，已经计提的折旧额如果计入新固定资产的计税成本，则纳税人还要对该部分折旧额进行追溯调整。

在会计核算方面，未提足折旧的房屋在推倒重置时，应通过"固定资产清理"科目核算，将净残值与变现收入的差额计入"营业外支出"科目，作为损失处理；而在所得税处理上，推倒时计入营业外支出的损失在当年汇算清缴纳税时调增，等重置后增加固定资产的计税成本，然后在折旧年限内汇算清缴时纳税调减。

误区
No.062

更改外购财务软件的摊销年限无须备案

　　除财务软件开发企业以外，其他企业外购的财务软件一般作为无形资产入账。而企业在处理无形资产时，需要对其进行折旧摊销，而折旧摊销又会影响企业当期的应纳税所得额。所以，企业外购财务软件并需要更改其摊销年限时，需要进行备案。下面以举例的形式介绍财务软件更改摊销年限时的备案事项。

　　　　×× 企业外购财务软件缩短摊销年限的备案事项

　　事项编码：×××××

　　事项分类：其他类事项

　　事项名称：企业外购财务软件缩短摊销年限备案事项

　　设定依据：《中华人民共和国企业所得税法》第 × 条、《财政部国家税务总局关于企业所得税若干优惠政策的通知》……

　　办理主体：区地税局

　　申请条件和办理材料：（一）范围　企业所得税由 × 市地方税务局负责征收管理的纳税人；（二）条件　企事业单位购进财务软件，凡符合固定资产或无形资产确认条件的，可按照固定资产或无形资产进行核算，经主管税务机关核准，其折旧或摊销年限可适当缩短，最短可为两年；（三）时限　每年的企业所得税汇算清缴期内（年度终了之日起 5 个月内），对需要事先向税务机关备案而没有按规定备案的，纳税人不得享受税收优惠。

收费依据和标准：不收费

办理流程：纳税人提出备案申请→主管税务机关对资料相关性和完整性进行审核→资料不全的告知纳税人需要补正的全部资料，资料齐全的由主管税务机关决定是否能即时办结→能即时办结的，由主管税务机关准予备案，同时制作《减免税备案资料清单》，盖章后送达纳税人；不能即时办结的，由主管税务机关制发《受理通知书》，并在 7 个工作日内根据税收优惠政策判断其能否予以备案→不予备案的，由主管税务机关制作《减免税不予备案通知书》，书面通知纳税人不得享受税收优惠→无论是否准予备案，主管税务机关都要对纳税人的备案申请进行归档处理。

法定期限：主管税务机关应在收到纳税人针对其财务软件缩短摊销年限的备案申请资料后 7 个工作日内完成登记备案工作。

承诺期限：主管税务机关应在收到纳税人针对其财务软件缩短摊销年限的备案申请资料后 7 个工作日内完成登记备案工作。

办理部门：区县局、分局主管税务机关

办理地点：区县局、分局主管税务机关

办理时间：09:00 ～ 17:00（各地根据自身情况规定办理时间）

联系电话：12366

监督电话：12366

根据上述内容可知，企业外购的软件凡是符合固定资产或无形资产确认条件的，可按固定资产或无形资产进行核算，其折旧或摊销年限也可适当缩短或延长。其中，固定资产和无形资产缩短折旧或摊销年限，属于纳税人汇算清缴期登记备案的企业所得税减免优惠项目的，应在汇算清缴期间向主管税务机关提交规定的资料，而主管税务机关在纳税人提出备案申请后的 7 个工作日内完成登记备案工作。

误区
No.063

销售营改增前购买的固定资产按销售自己使用过的固定资产的政策执行

根据财政部　国家税务总局财税〔2016〕36号文件附件2的相关规定：一般纳税人销售自己使用过的、纳入营改增试点之前取得的固定资产，按照现行旧货相关增值税政策执行，而不是按照"销售自己使用过的固定资产"政策执行。也就是说，纳税人销售营改增前购买的固定资产时，适用简易办法依照3%征收率减按2%征收增值税，并开具增值税普通发票，不得自行开具或由税务机关代开增值税专用发票。

而"销售自己使用过的固定资产"政策是指：一般纳税人销售自己使用过的固定资产，按简易办法依照3%征收率减按2%征收增值税，不得开具增值税专用发票；纳税人销售自己使用过的固定资产，适用简易办法依照3%征收率减按2%征收增值税，可以放弃减税，按照简易办法依照3%征收率征收增值税，此时可开具增值税专用发票。

由此可知，企业销售营改增之前购买的固定资产时，通常采用简易计税办法征收增值税。但若单纯地认为"销售营改增前购买的固定资产按照销售自己使用过的固定资产的政策执行"，则这种理解就是错误的，很容易将纳税人带入纳税误区。因为，从"销售使用过的固定资产"政策来看，纳税人有放弃减税并可开具增值税专用发票的情况出现，而这与财税〔2016〕36号文件附件2规定的销售营改增前购买的固定资产不得自行开具或由税务机关代开增值税专用发票相矛盾。

所以，"销售营改增前购买的固定资产用简易计税"的说法是准确的，而"销售营改增前购买的固定资产按照销售自己使用过的固定资产的政策执行"的说法不正确。

另外，纳税人要注意，前述提及的"销售自己使用过的、纳入营改增试点前取得的固定资产"仅指不动产以外的固定资产，也就是说，纳税人要区分"销售自己使用过的营改增之前取得的不动产"和"销售自己使用过的营改增之前取得的固定资产"。因为在两种情况下，简易计税办法适用的征收率不同，"销售自己使用过的营改增之前取得的不动产"情况的一般征收率为 5%，所以，如果将两者混淆，会导致增值税的申报缴纳工作出现问题。

误区
No.064

"以旧换新"固定资产只涉及增值税销项税额

以旧换新是指消费者在购买新商品时，如果能把同类旧商品交给销货方，就能折扣一定的价款，而旧商品则起着折扣券的作用。对于使用"以旧换新"促销的销货方来说，回收的旧商品通常没有大的经济价值，以旧换新的目的主要是消除旧商品形成的销售障碍，以防消费者因为舍不得丢弃尚可使用的旧商品而不购买新商品。

"以旧换新"实质上是变相降价，只不过它能避免直接降价带来的各种副作用。根据增值税法的规定，纳税人采取"以旧换新"方式销售应税产品的，销售收入为企业新商品的销售价格（不剔除旧商品的收购价）。相应地，购买方应以新商品的销售价格为基础确认购入商品的成本，即以新商品的公平市价、运输费、保险费及其他归属于商品成本的相关费用来确认新商品的成本。

2017年8月23日，D公司通过"以旧换新"方式从E公司购置一台新的机器设备，而旧的同类机器是在2013年时购入的，原值为57000元，已提折旧额51000元。新固定资产不含税售价为66000元，E公司按售价66000元开具了增值税专用发票。D公司旧固定资产折价为3000元（含税），已知D公司和E公司都为增值税一般纳税人，且此次以旧换新业务中没有发生其他相关费用。相关税务如下。

D公司向E公司支付货款 = 66000 × （1+17%）-3000 = 74220（元）

所以，D公司只需向E公司支付74220元的货款就能取得新固定资产。一方面，D公司购置的新固定资产的价值应按66000元确认固定资产原值；另一方面，处理旧固定资产时属于销售已使用过的固定资产，而该固定资产是在营改增前购买的，所以应按转让价的3%征收率缴纳增值税（可抵扣购入该固定资产时发生的增值税进项税），或依照3%征收率减按2%缴纳增值税（不可抵扣购入该固定资产时发生的增值税进项税）。

1. 旧固定资产清理时。

借：固定资产清理　　　　　　　　　6000

　　累计折旧　　　　　　　　　　　51000

　　贷：固定资产——旧固定资产　　　　　57000

2. 旧固定资产折价换购视同销售。

销售额 = 3000 ÷ （1+3%） ≈ 2912.62（元）

增值税销项税额 = 2912.62 × 3% ≈ 87.38（元）

借：应收账款——旧固定资产折价　　　3000

贷：固定资产清理   3000

借：固定资产清理   87.38

  贷：应交税费——应交增值税（销项） 87.38

3. 结转固定资产净损益。

处置该固定资产的损益 = 6000+87.38－3000 = 3087.38（元）

借：营业外支出——处置非流动资产损失 3087.38

  贷：固定资产清理   3087.38

4. 购进新固定资产。

增值税进项税额 = 66000×17% = 11220（元）

借：固定资产——新固定资产   66000

  应交税费——应交增值税（进项） 11220

  贷：银行存款   74220

    应收账款——旧固定资产折价 3000

  如果上述案例中的 D 公司为小规模纳税人，则其处置旧固定资产的会计和税务处理与一般纳税人的相同，只是"应交税费"科目记为"应交税费——应交增值税"。但是，购进新固定资产的会计和税务处理与一般纳税人不同，无论是否取得增值税专用发票，D 公司都不能进行增值税进项税额的抵扣，新固定资产的成本应包含增值税税额。

借：固定资产——新固定资产   77220

  贷：银行存款   74220

    应收账款——旧固定资产折价 3000

  由此可见，企业通过"以旧换新"方式取得新固定资产时，会同时涉及增值税的进销项税额，纳税人要避免走入"以旧换新固定资产不涉及增值税销项税额"的纳税误区。

但是，对于"以旧换新"业务中的销货方来说，其会计和税务处理是否也同时涉及增值税进销项税额呢？

采取"以旧换新"方式销售货物的，应按新货物的同期销售价格确定销售额，不得冲减旧货物的收购价格。销售货物与有偿收购旧货是两项不同的业务活动，销售额与收购额不能相互抵减。

某百货公司销售 LG 电视机，零售价为 3999 元 / 台（含增值税）。为了促销该品牌的电视机，公司决定，如果购买方交还同品牌旧电视机，则作价 1150 元，交差价 2849 元就可换回全新电视机。已知，该百货公司 2017 年 8 月以此方式销售 LG 电视机 150 台，增值税税率为17%，相关税务处理如下。

旧电视机价值 = 1150×150 = 172500（元）

增值税销项税额 = 3999×150÷（1+17%）×17% ≈ 87157.69（元）

实际收到货款 = 2849×150 = 427350（元）

借：银行存款   427350

　　库存商品——旧电视机   172500

　　贷：主营业务收入——LG 电视机   512692.31

　　　　应交税费——应交增值税（销项）   87157.69

销货方收回的旧电视机不能计算增值税进项税额，因为百货公司只是变相降价来促销新产品，而不是专门从事废旧物资收购的企业。另外，公司也不能以实际收到的价款 427350 元作为零售价格入账，这样会少记销售收入，甚至偷逃增值税税款。

由该案例可知，"以旧换新"方式下的销货方只会涉及增值税销项税额，而不会涉及增值税进项税额。也就是说"以旧换新固定资产涉及增值税进销项税额"的说法虽没有错误，但并不准确，准确的说法应该是"以旧换新固定资产的购货方涉及增值税进销项税额"。

误区
No.065

固定资产的折旧都按税务规定进行处理

固定资产在使用过程中，必然会发生耗损，而其账面净值会随之降低。目前，几乎所有企业都通过"折旧"来体现固定资产的自然耗损。然而很多时候，企业会计上的固定资产折旧处理与税务上的折旧处理存在差异，进而导致纳税调整工作的发生。那么，固定资产的折旧在会计上和税务上究竟有哪些区别呢？

固定资产折旧的范围

在会计处理上，企业应对所有固定资产计提折旧。然而，已提足折旧但仍然在继续使用的固定资产和单独计价入账的土地除外。

在税务处理上，税法不允许所有固定资产都计提折旧。根据《企业所得税法》规定，这些固定资产不得计提扣扣除：房屋、建筑物以外未投入使用的固定资产；以经营租赁方式租入的固定资产；以融资租赁方式租出的固定资产；已足额提取折旧但仍继续使用的固定资产；与经营活动无关的固定资产；单独估价作为固定资产入账的土地以及其他不得计算折旧的固定资产。

固定资产折旧的时间

在会计处理上，固定资产应按月计提折旧。当月增加的固定资产，当月不计提折旧，从次月起计提；当月减少的固定资产，当月仍然要计提折旧，而从次月起不计提折旧。固定资产提足折旧后，无论是否继续使用均不再计提折旧；提前报废的固定资产，即使没有提足折旧也不再补提折旧。已达到预定可使用状态但尚未办理竣工决算的固定资产，按估计价值确定其成本并计提折旧，待办理竣工决算后再按实际成本调整原来的暂估价值，但不需要调整原来已经计提了的折旧额。

在税务处理上，企业应从固定资产使用月份的次月起计算折旧，而停止使用的固定资产应从停止使用月份的次月起停止计算折旧。已达到预定可使用状态但尚未办理竣工决算的固定资产，按估计价值确定其成本并进行折旧对应的纳税调整，此状况因为不符合税法的确定性原则，所以不应按估计价值计算折旧税前扣除，应待办理竣工决算后再按实际成本确定其计税基础，计提折旧并在税前扣除。

固定资产折旧的方法

在会计处理上，企业应根据与固定资产有关的经济利益的预期实现方式，合理选择固定资产折旧的方法。可选用的折旧方法包括年限平均法、工作量法、双倍余额递减法及年数总和法等。固定资产折旧的方法一经确定，不得随意变更。固定资产应按月计提折旧，并根据用途计入相关资产的成本或当期损益。与固定资产有关的经济利益预期实现方式有重大改变的，应同时改变固定资产折旧的方法。

在税务处理上，一般按照直线法计算折旧，这样才能准予扣除。采用这种处理方式，不同的固定资产有不同的折旧最短年限的区别：房屋和建筑物等为 20 年；飞机、火车、轮船、机器、机械和其他生产设备等为 10 年；与生产经营有关的器具、工具和家具等为 5 年；飞机、火车和轮船以外的运输工具为 4 年；电子设备为 3 年。根据《企业所得税法》的规定，企业的固定资产由于技术进步等原因，确实需要加速折旧的，可以缩短折旧年限或采取加速折旧的方法计算折旧。

解决其他税种的纳税疑惑

企业在处理税务时，不仅会涉及增值税、消费税和企业所得税，还会处理个人所得税、车船税、印花税、土地增值税、城建税和教育费附加等税种的纳税事务。由于这些税种没有增值税和企业所得税那么常见，所以企业在处理相关税务时会产生很多疑惑。

年所得不足 12 万元的不用进行个税年度申报

根据《个人所得税实施条例》的相关规定，纳税义务人有下列情形之一的，应按照规定到主管税务机关办理纳税申报。

◆ 年所得 12 万元以上的。

◆ 从中国境内两处或两处以上取得工资和薪金所得的。

◆ 从中国境外取得所得的。

◆ 取得应纳税所得而没有扣缴义务人的。

◆ 国务院规定的其他情形。

由此可知，"年所得 12 万元以上"只是上述需要进行年度申报的情形之一，而年所得不足 12 万元的纳税人可能符合上述剩余 4 种情形中的任何一种情形。如果是这样，则年所得不足 12 万元的纳税人同样需要在纳税年度终了后的 3 个月内办理自行申报手续。所以，"年所得不足 12 万元的可不进行个税年度申报"的说法是不准确的，只有在年所得不足 12 万元的纳税人才不进行个人所得税年度申报。

与该问题相关的一些认识，纳税人也可能走入纳税误区，具体有下面的几点。

误区一：年所得 12 万元指的是年应纳税所得额

有些纳税义务人认为，自己某一年的收入虽然达到了 12 万元，但扣除一些法定费用后就不足 12 万元了，所以不需要进行个人所得税的年度申报。这种理解太片面，不够准确。

根据国家税务机关针对个人所得税缴纳问题的规定，年所得 12 万元以上是指纳税人在一个纳税年度内取得"工资、薪金所得""个体工商户的生产、经营所得""对企事业单位的承包经营、承租经营所得""劳务报酬所得""稿酬所得""特许权使用费所得""利息、股息和红利所得""财产租赁所得""财产转让所得""偶然所得"以及"其他所得"等各项所得的合计数额达到 12 万元。因此，年所得 12 万元是指未扣除费用的上述 11 项收入的合计数。但相应的，年所得不含以下 3 个方面的所得。

①个人所得税法规定的 9 种免税所得，见表 7-1。

表 7-1　年所得 12 万元不包括的免税所得

范　围	内　容
社会大环境下的免税所得	1. 省级人民政府、国务院部委、中国人民解放军及外国组织、国际组织颁发的科学、教育、技术、文化、卫生、体育和环境保护等方面的奖金； 2. 国债和国家发行的金融债券利息； 3. 军人的转业费和复员费； 4. 依照我国有关法律规定应予以免税的各国驻华使馆、领事馆的外交代表、领事官员和其他人员的所得； 5. 中国政府参加的国际公约和签订的协议中规定免税的所得
企业环境下的免税所得	1. 按照国家统一规定发给的补贴或津贴，即《个人所得税法实施条例》中规定的按照国务院规定发放的政府特殊津贴、院士津贴、资深院士津贴以及国务院规定免缴纳个人所得税的其他补贴或津贴； 2. 福利费、抚恤金和救济金等； 3. 保险赔款； 4. 按国家统一规定发给干部或职工的安家费、退职费、退休工资、离休工资或离休生活补助费等

②可以免税的来源于中国境外的所得。

③按照国家规定，单位为个人缴付和个人缴付的基本养老保险费、基本医疗保险费、失业保险费、工伤保险、生育保险和住房公积金。

误区二：年所得指的是获取所得的所属年度

某纳税人 2016 年取得工资和股息等收入共 12 万元，其中，2016 年 1 月取得所属期为 2015 年 12 月的工资 1 万元。该纳税人认为，剔除这不属于 2016 年的工资 1 万元，并加上 2017 年 1 月发放的 2016 年 12 月的工资 8500 元后，其 2016 年度的个人所得收入未达到 12 万元，所以不需要进行年度申报。这是一个典型的纳税误区。

现行税法规定，个人所得以实际收到收入为纳税义务发生时间，因此，"年所得"的统计口径为纳税人在公历 1 月 1 日至 12 月 31 日期间的所得，而不是获取所得的所属年度。比如，大部分企业的工资会在次月发放，那么上一年度 12 月的工资是在当年 1 月份取得，虽然工资所属期为上年度，但在当年度才取得，所以应计入当年度所得。也就是说，上述纳税人 2016 年的所得收入就是 12 万元，所以要进行个人所得税的年度申报。

误区三：平时已经缴足个人所得税的不需要再进行年度申报

有的人认为，其每月取得的收入已经按规定每月足额地申报缴纳了个人所得税，即使再申报也没有税可以补缴，而且再进行年所得 12 万元以上的年度申报，就是重复缴税。这种理解是不正确的。

根据《国家税务总局关于印发个人所得税自行纳税申报办法的通知》的相关规定，年所得 12 万元以上的纳税人，无论取得的各项所得是否已足额缴纳个人所得税，都应按照规定在纳税年度终了后向主管税务机关办理纳税申报。

需要注意的是，该规定涉及的年所得 12 万元以上的纳税人，不包括在中国境内无住所或在一个纳税年度中在中国境内居住不满一年的个人。这两种纳税人可以不需要进行年度自行申报。而且，这里所说的"无住所"的判定标准不是是否有固定居住地点，而是判定是否因户籍、家庭和经济利益关系等在中国境内习惯性居住的个人，因此，即使派驻海外长期工作的中国公民，仍然需要办理自行年度申报纳税。

自行申报不等于重复缴税。履行"年所得 12 万元自行申报"这项义务，本质上可视为纳税人就上年度所得向税务机关做一个"声明"，告知税务机关自己去的了这些收入并已经按规定完税。这项申报工作只是起到声明和拾遗补漏的作用，少缴税的应补缴，多缴税的经税务机关确认后可办理退税或抵税，减少了纳税人的涉税风险，避免了纳税人可能遭受的经济损失。

误区五：应将全年收入平均到 12 个月重新计缴个人所得税

某纳税人在建筑企业任职，近日在办理 2016 年度申报手续时，发现 2016 年 12 月公司发放的全年加班费 4 万元全部合并到 2016 年 12 月的工资、薪金中被扣缴了个人所得税。他认为，这补发的 4 万元加班费不是一个月的加班报酬，所以应平均到 2016 年全年的 12 个月中去重新计算纳税。这种理解是不正确的。

根据《个人所得税实施条例》的相关规定，只有采掘业、远洋运输业、远洋捕捞业和国务院财政、税务主管部门确定的其他行业可以采取工资、薪金所得按月预缴、全年汇算的方式，个人全年工资、薪金所得可按 12 个月平均计算实际应纳个人所得税税款。所以该纳税人 2016 年 12 月收到的补发当年全年的加班费时要全额计入 12 月的工资、薪金所得缴纳个人所得税，而不是平均分到 2016 年的 12 个月中计缴。

误区六：自行申报意思是必须本人申报

很多个人纳税人将"自行申报"理解为"必须本人亲自到税务机关办理申报手续而不能由别人代替"，这种理解是不正确的。

根据《个人所得税实施条例》的相关规定，纳税人可委托有税务代理资质的中介机构或他人代为办理纳税申报。目前，采用委托申报方式比较多的是纳税人授权任职企业向主管税务机关申报的方式。而且，很多地方已经开通了年所得 12 万元以上的网上申报功能，纳税人可通过网站或手机 APP 进入各省、市地税局门户网站上的电子税务办理厅办理纳税申报手续。

误区七：未进行年度申报的个人不承担法律责任

很多个人认为，年所得 12 万元以上要进行年度申报只是一种形式，办不办无所谓，忘了办理也可以不用补办手续，反正也不会承担什么法律责任。这种看法是不正确的。

根据《税收征收管理法》的规定，纳税人未在规定期限内（即纳税年度终了后 3 个月内）办理纳税申报和报送纳税资料的，由税务机关责令限期改正，可以处 2000 元以下的罚款；情节严重的，可处 2000 元以上 10000 元以下的罚款。因此，有年度申报义务的纳税人必须要在法定期间内向主管税务机关办理年度申报手续，否则要承担相应的法律责任。如果纳税人不进行纳税申报，因此造成不缴或少缴税款的，由税务机关追缴其不缴或少缴的税款及滞纳金，并处不缴或少缴税款的 50% 以上 5 倍以下的罚款；如果纳税人编造虚假计税依据，则由税务机关责令限期改正，并处 5 万元以下的罚款。

误区
No.067

车辆保险增值税发票不能作为缴纳车船税的报账凭证

根据《国家税务总局关于保险机构代收车船税开具增值税发票问题的公告》（国家税务总局公告 2016 年第 51 号）的规定可知，保险机构作为车船税扣缴义务人，在代收车船税并开具增值税发票时，应在增值税发票的备注栏中注明代收车船税税款信息，具体包括保险单号、税款所属期（详细至月）、代收车船税金额、滞纳金金额及金额合计等。该增值税发票可作为纳税人缴纳车船税及滞纳金的会计核算原始凭证，即公司取得保险公司开具的代收车船税增值税发票，可作为报销车船税的记账凭证附件。

所以，"车辆保险增值税发票不能作为缴纳车船税的报账凭证"的说法是不正确的，纳税人要尽量避免走入纳税误区。

在代收车船税的实际业务发生时，很多保险公司不会将代收的车船税单独开具增值税发票，而是将车船税的相应金额与交强险一起开具在同一张发票上。对于车船税的纳税人来说，可以凭借这一张发票作为车船税的完税凭证，但对于代收车船税的保险公司来说，其为纳税人代收的车船税支出不能进行增值税进项税额抵扣。

需要保险公司和车船税纳税人明确的是，保险机构在办理机动车第三者责任强制保险业务时，应按照下列要求在增值税发票备注栏内注明实际代收代缴车船税的税款信息。

◆ 关于购置的新机动车，车船税税款所属期按照购买日期的当月起至 12 月填写。

◆ 关于续保的旧机动车，车船税税款的所属期按照起保日所属年度 1 月至 12 月填写。

◆ 关于补征以前年度车船税，按照补征年度分年填写补征的税款、补征税款所属期和补征税款加收的滞纳金等。

误区
No.068

政府收回土地时付给企业的补偿费需缴增值税

营改增实施以后，根据《财政部、国家税务总局关于全面推开营业税改征增值税试点的通知》（财税〔2016〕36 号）附件 3 的规定可知，土地所有者出让土地使用权和土地使用者将土地使用权归还给土地所有者的，免征增值税。所以，政府收回土地时付给企业的补偿费，企业不用计缴增值税销项税额。因此，"政府收回土地时付给企业的补偿费需缴纳增值税"的说法不正确。

在营改增实施以前，《国家税务总局关于印发〈营业税税目注释（试行稿）〉的通知》规定，土地所有者出让土地使用权和土地使用者将土地使用权归还给土地所有者的行为，不征收营业税。同时，《国家税务总局关于土地使用者将土地使用权归还给土地所有者行为营业税问题的通知》也规定，纳税人将土地使用权归还给土地所有者时，只要出具县级（含）以上地方人民政府收回土地使用权的正式文件，无论支付征地补偿费的资金来源是否是政府财政资金，该行为都属于土地使用者将土地使用权归还给土地所有者的行为，按照《国家税务总局关于印发〈营业税税目注释（试行稿）〉的通知》的规定不征收营业税。

营改增前与营改增后关于土地补偿款的征税问题，无论是营业税还是增值税，都将不征收。但纳税人如何理解增值税背景下的土地使用者将土地使用权归还给土地所有者呢？

①企业将土地使用权交还政府，与政府签署了土地收回协议并取得土地补偿费的，免征增值税。

②企业将土地使用权交还政府，与政府签署了土地收回协议并同时取得土地补偿费和地面建筑物补偿费的，免征增值税。

③企业租赁土地使用并建造底面建筑物，后由于土地被政府收回而获得政府的地面建筑补偿费的，免征增值税。

J 公司有一块土地的使用权，账面余额为 1100 万元，累计摊销 100 万元。该土地上附着的房屋及建筑物的账面原价为 1000 万元，累计折旧 250 万元。由于城市建设规划需要，市政府正式下发文件，收回 J 公司该土地使用权，并通过市场公开拍卖，出让给房地产开发商并结清土地出让金。根据相关管理的规定，市财政从土地出让金收入中拿出 5325 万元支付给 J 公司土地及地上附着物（包括不动产）补偿费。J 公司获得的土地及地上附着物补偿收入不用缴纳增值税和土地增值税。

1. J 公司接到政府收回土地使用权正式文件后，应将地上附着的房屋及建筑物账面价值结转到"固定资产清理"科目。

借：固定资产清理　　　　　　　　7500000
　　累计折旧　　　　　　　　　　2500000
　　贷：固定资产——房屋及建筑物　　10000000

2. J 公司收到政府土地及地上附着物补偿费，应建立以下会计科目。

搬迁净收入 = 5325-（1100-100）-（1000-250）= 3575（万元）

借：银行存款   53250000

　　累计摊销   1000000

　　贷：固定资产清理   7500000

　　　　无形资产   11000000

　　　　营业外收入——非流动资产处置利得   35750000

在规避"政府收回土地时付给企业的补偿费需要缴纳增值税"这一误区的同时，纳税人需要注意以下一些关键点。

◆ 地面建筑补偿费不需要缴纳增值税

国内有些地方国税主管机关错误地将纳税人在交还土地过程中取得的地面建筑物和构筑物补偿费视为不动产转让，进而还规定纳税人按照不动产转让的规则缴纳增值税。这是典型的纳税误区，因为不动产转让通常是一种商业交易行为，双方自由交易、约定价款，而补偿的前提是土地被政府收回，这种收回一般不是企业自愿的，而是政府强制的，企业为了服从政府的安排而被迫做出的一种牺牲，因而会得到政府的补偿，所以，"纳税人在交还土地过程中取得的地面建筑物和构筑物补偿费要缴纳增值税"的说法是不正确的。

◆ 地面建筑补偿费不是政府支付的，可能会缴纳增值税

某企业租用村集体土地建造了农贸市场，后该村纳入城中村改造项目，由城改项目的投资主体——房地产公司给予该企业底面建筑物补偿费4000万元。

这种情况下，土地不是该企业所有，其只拥有地面建筑物所有权，当城中村改造项目实施后，该企业失去了地面建筑物，但这不属于"纳税人将土地使用权归还给土地使用者"的行为。另外，由于建筑物与土地实质上是不能分离的，土地收回必然带来地面建筑物的损毁或拆

除，所以，地面建筑物补偿费理应属于征地补偿费中的合理组成部分，然而这里的土地使用权不属于该企业，且补偿款不是政府支付的，所以其地面建筑物补偿费能不能适用免税优惠就不能确定，不同的地方可能会要求该企业对收到的地面建筑物补偿费缴纳增值税。

◆ 企业取得政府拆迁补偿款要根据相关批文免征土地增值税

根据《土地增值税暂行条例》和《土地增值税暂行条例实施细则》的相关规定，因城市实施规划或国家建设而被政府批准征用的房产或收回的土地使用权，免征土地增值税。但此类情况下的免征是以原房地产所在地税务机关的批文为准，因此，企业必须向房地产所在地的税务机关提出免税申请，经税务机关审核后才能办理免征，如果没有收到免征批文，则会被视同房地产出售或转让而缴纳土地增值税。

◆ 政府支付给企业的拆迁补偿款要缴纳企业所得税

政府指导的企业拆迁又叫企业政策性搬迁，根据国家税务总局《企业政策性搬迁所得税管理办法》的规定，符合政策性搬迁企业的搬迁收入在扣除搬迁支出后的余额为企业的搬迁所得。这里的"搬迁支出"指重置固定资产和技术改造及搬迁损失费用，不包括安置职工的费用，这与财政部和国家税务总局财税〔2007〕61号文规定的搬迁收入准予扣除安置职工费用不同。企业应在搬迁完成年度将搬迁所得计入当年度企业应纳税所得额计算纳税。

搬迁完成年度是企业纳税义务发生的时间，《企业政策性搬迁所得税管理办法》规定的搬迁年度是指搬迁开始 5 年内（包括搬迁年度），也就是说，从搬迁开始 5 年内，搬迁补偿款扣除搬迁费用支出和资产处置支出等，结余的款项要缴纳企业所得税。

◆ 用拆迁补偿款异地重建、购置或改良固定资产的企业所得税处理

根据国家税务总局《企业政策性搬迁所得税管理办法》的规定，

企业用获得的政府拆迁补偿款异地重建或改良固定资产的支出，可以从拆迁补偿收入中扣减，改良的固定资产折旧可以税前扣除。企业发生的购置资产支出，不得从搬迁收入中扣减。也就是说，企业改良的固定资产税前扣除两次，一是抵减收入，二是通过计提折旧扣除，但享受两次扣除的条件是企业从规划搬迁次年起的 5 年内完成搬迁。5 年后完成搬迁的，其搬迁或处置收入不能扣除改良固定资产，但可按照现行税收规定计算折旧或摊销，允许税前扣除。

需要纳税人注意的是，企业应从搬迁开始年度到次年 5 月 31 日期间，向主管税务机关（包括迁出地和迁入地）报送政策性搬迁依据和搬迁规划等相关材料。逾期未报的，除特殊原因并经主管税务机关认可外，按非政策性搬迁处理。

◆ 企业获得政府拆迁补偿款后改变经营方向的企业所得税处理

根据财政部和国家税务总局《关于企业政策性搬迁收入有关企业所得税处理问题的通知》（财税〔2007〕61 号文）的规定，企业因转换生产经营方向等原因，没有用搬迁收入进行重置固定资产或技术改造，而将搬迁收入用于购置其他固定资产或进行其他技术改造项目的，可在企业政策性搬迁收入中将相关成本扣除，余额计入企业应纳税所得额。企业利用搬迁收入购置的其他固定资产或进行其他技术改造项目的，可按现行税收规定计算折旧或摊销，并在企业所得税税前扣除。

◆ 企业获得政府拆迁补偿款后就解散的企业所得税处理

搬迁企业在取得政府拆迁补偿款后没有重置固定资产、技术改造或购置其他固定资产的，应将搬迁收入加上各类拆迁固定资产的变卖收入，减去各类拆迁固定资产的折余价值和处置费用，余额计入企业当年应纳税所得额，并计缴企业所得税。企业解散的，还要按照公司法的规定进行清算。

◆ 拆迁补偿款无法偿还所有搬迁支出时要做财产损失处理

企业用政府支付的拆迁补偿款偿还搬迁支出，可能存在无法全额偿还的情况，这时"拆迁补偿款－搬迁支出"所得的负数称为财产损失。这种情况下的税务处理要按国家税务总局《企业财产损失所得税前扣除管理办法》执行，可在经过税务机关审批后作为财产损失进行税前扣除。财产损失由支付拆迁补偿款的政府所在地税务机关报上一级税务机关审批，下级税务机关依据上级税务机关的批文确定是否需要对企业的该项财产损失做所得税纳税调整。

误区
No.069

所有合同都要缴纳印花税

根据《印花税暂行条例实施细则》的规定，印花税只对税目税率表中列举的凭证和经财政部确定征税的其他凭证征税。也就是说，在税目税率表中没有列举的凭证无须贴花，也就无须缴纳印花税。所以，"所有合同都要缴纳印花税"的税法是不正确的。

那么，哪些合同需要贴花并缴纳印花税呢？其纳税范围和税率等是否一样呢？表 7-2 是需要贴花并缴纳印花税的合同及其纳税范围和对应税率情况。

表 7-2　需要缴纳印花税的合同

合同	范围	税率	说明
购销合同	供应、预购、采购、购销、结合与协作以及调剂等合同	按购销金额的 0.3‰贴花	
加工承揽合同	加工、定作、修缮、修理、印刷、广告、测绘和测试等合同	按加工或承揽收入的 0.5‰贴花	

续表

合同	范围	税率	说明
建设工程勘察设计合同	勘察、设计合同	按收取费用的 0.5‰贴花	
建筑安装工程承包合同	建筑、安装工程承包合同	按承包金额的 0.3‰贴花	
财产租赁合同	租赁房屋、船舶、飞机、机动车、机械、器具和设备等合同	按租赁金额的 1‰贴花；税额不足 1元的，按 1 元贴花	
货物运输合同	民用航空运输、铁路运输、海上运输和联运合同	按运输费用的 0.5‰贴花	单据作为合同使用的，按合同贴花
仓储保管合同	仓储、保管合同	按仓储保管费用的 1‰贴花	仓单或栈单作为合同使用的，按合同贴花
借款合同	银行及其他金融组织和借款人	按借款金额的 0.05‰贴花	单据作为合同使用的，按合同贴花
财产保险合同	财产、责任、保证和信用等保险合同	按保险费收入的 1‰贴花	单据作为合同使用的，按合同贴花
技术合同	技术开发、转让、咨询和服务等合同	按合同记载金额的 0.3‰贴花	

对于上述需要缴纳印花税的合同，其纳税人皆为立合同人。除此之外，还有以下一些凭证需要缴纳印花税。

①产权转移书据。包括财产所有权、版权、商标专用权、专利权、专有技术使用权、土地使用权出让合同和商品房销售合同等，按书据记载金额的 0.5‰贴花，纳税人为立据人。

②营业账簿。包括生产、经营用账册，记载金额的账簿，按实收资本和资本公积的合计金额的 0.5‰贴花，其他账簿按件计税，5 元 / 件，账簿的印花税纳税人为立账簿人。

③权利、许可证照。政府部门发放的房屋产权证、工商营业执照、商标注册证、专利证和土地使用证等，这些证照都按件贴花，5 元 / 件，纳税人为证照的领受人。

误区
No.070

退还增值税的项目都会退还相应的城建税和教育费附加

根据《财政部关于城市维护建设税几个具体业务问题的补充规定》可知，对出口产品退还增值税的，不退还已缴纳的城市维护建设税；但针对由于减免增值税而发生的退税，同时退还已缴纳的城市维护建设税。同样，根据《财政部关于征收教育费附加几个具体问题的通知》可知，对由于减免增值税而发生退税的，同时退还已缴纳的教育费附加，但对出口产品退还增值税的，不退还已缴纳的教育费附加。

所以，"退还增值税的项目同时退还城建税和教育费附加"的说法不准确。事实上，对由于减免增值税或消费税而发生退税的，可同时退还已缴纳的城建税和教育费附加；对出口产品退税的，不退还已缴纳的城建税和教育费附加。除此之外，对各种"先征后返""先征后退"和"即征即退"办法返还增值税或消费税的，不退还已缴纳的城建税和教育费附加。

问：如果项目或业务涉及的增值税属于免征范围，但没有在项目或业务发生时立即免征，而是在以后进行退还，则对应的城建税和教育费附加是否可以申请退还？

答：根据《财政部关于城市维护建设税几个问题的通知》的规定，对由于减免增值税而发生退税的，可同时退还已征收的城市维护建设税和教育费附加。

由此可知，当企业由于减免税发生增值税退税的时候，可同时申请退还已缴纳的城建税和教育费附加。比如，某公司是一家图书零售企业，2015 年获得退还的 2013 年缴纳的图书零售环节增值税，这符合相关通知的规定，所以该公司可申请退还已缴纳的 2013 年的城建税和教育费附加。需要纳税人注意的是，图书批发和零售环节的增值税只有在 2013 年 1 月 1 日至 2017 年 12 月 31 日期间才享受免征增值税待遇，即在这一时间段内图书批发和零售环节缴纳的城建税和教育费附加才能随退还的增值税一起退还。

误区
No.071

车辆购置税和车船税可替代使用

在实际工作中，很多纳税人和财会工作者都分不清车辆购置税和车船税。车辆购置税是对在境内购置规定车辆的单位和个人征收的一种税；车船税是指对在我国境内应依法到公安、交通、农业、渔业和军事等管理部门办理登记的车辆和船舶，根据其种类按照规定的计税依据和年税额标准计算征收的一种财产税。

车辆购置税缴纳时间 VS 车船税缴纳时间

国家担心卖家和买家沟通好而导致车款不一定是开在发票上的金额，所以车款和车辆购置税在买车的时候通常都一次性交清，车辆购置税的多少取决于车的价格，价格越高，车辆购置税越多。而车船税主要是在使用车船时征收，因此要求每年都要缴纳，一般都由保险公司收取交强险时一并代收。另外，随着新能源汽车的广泛使用和国家政策的鼓励，很多时候有车一族将不用缴纳车船税或减半征收车船税。

车辆购置税税款计算 VS 车船税税款计算

纳税人购买自用的应税车辆，计税价格为纳税人购买应税车辆而支付给销售方的全部价款和价外费用（均为不含增值税价格），不包括代收的保险费、代缴的车辆购置税和车辆牌照费。税款计算公式为"应交车辆购置税＝计税价格 × 税率（10%）"，其中，计税价格不能低于最低计税价格，即国家税务总局依据机动车生产企业或经销商提供的车辆价格信息，参照市场平均交易价格核定的车辆购置税计税价格。

车船税按照汽车排量征收，排量越高，车船税的年基准税额就越高。税款计算公式为"应交车船税＝年基准税额 ÷12× 应纳税月份数"。比如一些乘用车，排量 1 升（含）以下的年基准税额为 60 ~ 360 元；排量 1 升以上 1.6 升（含）以下的年基准税额为 300 ~ 540 元；排量 1.6 升以上 2 升（含）以下的年基准税额为 360 ~ 660 元。

车辆购置税优惠政策 VS 车船税优惠政策

自 2015 年 10 月 1 日起至 2016 年 12 月 31 日止，对购置 1.6 升及以下排量乘用车的，减按 5% 的税率征收车辆购置税；自 2014 年 9 月 1 日至 2017 年 12 月 31 日，对购置的新能源汽车免征车辆购置税；已缴纳车辆购置税的车辆，发生下列情形之一的，准予纳税人申请退税。

①车辆退回生产企业或经销商，且提供生产企业或经销商开具的退车证明和退车发票。

②符合免税条件的、设有固定装置的非运输车辆已经缴纳车辆购置税的。

③其他依据法律法规规定应予以退税的情形。

自 2012 年 1 月 1 日起，对节约能源的车辆，减半征收车船税；对使用新能源的车辆，免征车船税；已经缴纳车船税的车船，发生下列情形之一的，准予纳税人申请退税。

①因质量问题，车船被退回生产企业或经销商的，纳税人可向纳税所在地主管税务机关申请退还自退货月份起至该纳税年度终了期间的税款。

②在一个纳税年度内，已完税的车船被盗抢、报废或灭失的，纳税人可凭有关管理机关出具的证明和完税凭证，向纳税所在地主管税务机关申请退还自被盗抢、报废或灭失月份起至该纳税年度终了期间的税款。

由上述所列举的车辆购置税与车船税的区别可知，"车辆购置税和车船税可替代使用"的说法是不正确的。

误区
No.072

转让土地使用权时土地增值税的计税依据为收取的地价款

纳税人转让国有土地使用权、地上建筑物及其附着物并取得收入的，以转让取得的收入（包括货币收入、实物收入和其他收入）减去法定扣除项目金额后的增值额为计税依据，向国家缴纳土地增值税。

纳税人转让土地使用权时获得的收入是土地使用权接受方支付的地价款与有关费用的总和（有的土地使用权转让方将该总额称为土地出让金），转让方要缴纳的土地增值税计算公式如下。

应交土地增值税 = 增值额 × 适用税率 − 扣除项目金额 × 速算扣除系数 = （地价款 + 有关费用 − 扣除项目金额）× 适用税率 − 扣除项目金额 × 速算扣除数

由此可知，"转让土地使用权时土地增值税的计税依据为收取的地价款"的说法不正确，准确的表达应是"转让土地使用权时土地增值税的计税依据为减去法定扣除项目金额后的增值额"。因此，转让土地使用权的一方需要明确一些与"扣除项目"有关的问题。

◆ 土价评估费是否作为扣除项目要视情况而定

需要土地转让方明确的是，其在转让土地及其附着物（如旧房或建筑物）时因计算纳税的需要而对房地产进行评估的，支付的评估费用（土价评估费）允许在计算增值额时予以扣除；但是，转让方隐瞒或虚报房地产成交价格等情形而按房地产评估价格计征土地增值税所发生的评估费用不允许在计算增值额时扣除。因此，土价评估费是一种需要考虑的扣除项目，且其能否扣除应视具体情况而定。

《中华人民共和国土地增值税暂行条例》等规定的土地增值税扣除项目涉及的增值税进项税额，允许在销项税额中计算抵扣的不能计入土地增值税计缴公式中的扣除项目中；而不允许在销项税额中计算抵扣的则可以计入土地增值税计缴公式中的扣除项目中。

◆ 地价款滞纳金是否作为扣除项目也要是其性质而定

地价款滞纳金是在地价款确定后，伴随地价款交纳情况不同而发生的费用，即地价款滞纳金是约定付费而接受土地使用权的一方未履行支付的一种责任追究方式。地价款滞纳金由政府土地主管部门代收，由国有土地使用权持有者交纳。这一滞纳金主要针对国有土地使用权的出让方式，其他方式获得的土地使用权不涉及该滞纳金问题。

问：国土局收取的地价款滞纳金能否在土地增值税清算时作为取得土地使用权支付的金额扣除？

答：国土局收入的地价款滞纳金能否在税前扣除，应视滞纳金的性质而定。如果属于行政性处罚导致的滞纳金，则税前不允许扣除；如果属于合同违约缴纳的滞纳金，则可以税前扣除。

◆ 出让方式下发生的土地闲置费不得作为扣除项目

通过出让方式取得土地使用权的纳税人，在土地闲置一年以上时需要向土地部门交纳土地闲置费，而该项费用不得作为纳税人取得土地使用权支付的金额，所以不得扣除。另外，房地产开发企业因逾期开发而交纳的土地闲置费也不得扣除。

纳税人转让土地使用权时发生的土地增值税要按照四级超率累进税率进行征收，具体标准见表7-3。

表7-3　土地增值税的四级超率累进税率

级数	计税依据	适用税率	速算扣除率
1	增值额≤扣除项目金额的50%的	30%	0
2	扣除项目金额的50%＜增值额≤扣除项目金额的100%	40%	5%
3	扣除项目金额的100%＜增值额≤扣除项目金额的200%	50%	15%
4	增值额＞扣除项目金额200%的	60%	35%

对于接受土地使用权的一方而言，其支付的金额包括为取得土地使用权所支付的地价款和安国家统一规定交纳的有关费用。并且，在

计算土地增值税应纳税额时，接受土地使用权的纳税人为了取得土地使用权而支付的地价款准予扣除。这里的地价款会因为土地使用权的获得方式不同而有所区别。

◆ 通过出让方式（或称为协议方式）取得土地使用权的，地价款为支付给出让方的土地出让金。

◆ 通过转让方式取得土地使用权的，地价款为支付的地价款。

◆ 通过行政划拨方式取得土地使用权且变更为有偿使用的，地价款为转让土地使用权时按规定补交给政府的出让金。

◆ 通过拍卖方式取得土地使用权的，地价款为支付给拍卖方的土地出让金。

误区
No.073
关于土地增值税政策的 3 个问题

现行土地增值税政策中，存在一些看似正常但在实际工作中难以操作或会导致错误纳税结果的规定。对于这些误区，纳税人要全面认清并注意防范。

误区一：土地征用及拆迁补偿费属于开发成本

《中华人民共和国土地增值税暂行条例实施细则》规定：房地产开发成本是指纳税人房地产开发项目实际发生的成本，包括土地征用和拆迁补偿费、前期工程费、建筑安装工程费、基础设施费、公共配套设施费和开发间接费用。其中，土地征用和拆迁补偿费包括土地征用费、耕地占用税、劳动力安置费以及有关地上、地下附着物拆迁补偿的净支出和安置动迁用房支出等。

分析可知，土地征用和拆迁补偿费是为取得土地使用权而付出的代价，在土地征用和拆迁阶段，房地产开发行为尚未开始，因此不应将土地征用和拆迁补偿费直接归于房地产开发成本，而应先归集到取得土地使用权所支付的金额中，然后根据房地产开发项目占用土地情况，分摊到房地产开发项目上。所以，"土地征用及拆迁补偿费属于开发成本"的说法不准确。

需要纳税人明确的是，对于房地产企业以货币形式支付的土地征用及拆迁补偿费可直接确认为取得土地使用权所支付的金额；对于房地产企业以开发产品形式（拆一还一）支付的土地征用和拆迁补偿费，可先预估价值并计入土地使用权所支付的金额，待开发产品的公允价值确定后再对前期计入土地使用权所支付的金额进行调整。

误区二：不同类型的房地产可合并确定增值额和增值率

《财政部、国家税务总局关于土地增值税一些具体问题规定的通知》规定：对纳税人既建造普通标准住宅又搞其他房地产开发的，应分别核算增值额。不分别核算增值额或不能准确核算增值额的，其建造的普通标准住宅不能适用免税规定。因此，很多人认为，如果纳税人建造的普通标准住宅不需要享受土地增值税优惠，则不需要分别核算增值额；还有人认为，上述规定中只要求"分别核算增值额"，并没有要求"分别核算增值率"，所以纳税人开发不同类型房地产可合并计算增值率并统一确定应纳土地增值税适用税率。

由此可知，政策规定对纳税人未分别核算增值额的，其普通标准住宅不能适用税收优惠政策，但政策未规定"纳税人不享受税收优惠就可合并计算增值额"，所以，无论普通标准住宅是否享受税收优惠，都应分别核算增值额。增值额与增值率的核算时不可分割的，因此，要分开核算增值额就必然需要分开核算增值率。

误区三：公共配套设施不需要独立核算成本和费用

根据《中华人民共和国土地增值税暂行条例实施细则》的规定，房地产开发成本包括公共配套设施费，建造公共配套设施发生的费用应直接归集到房地产开发成本，并分摊到相关开发产品，而不需要作为独立开发产品核算归集成本和费用。

根据《国家税务总局关于房地产开发企业土地增值税清算管理有关问题的通知》分析可知，公共配套设施建成后，产权不属于全体业务，也没有无偿转交给政府或公用事业单位用于非营利性社会公共事业，或者未进行有偿转让的，建造公共配套设施发生的成本和费用在计算土地增值税时不得扣除。也就是说，如果纳税人存在不得扣除的公共配套设施费，但未将公共配套设施作为独立开发产品核算成本或费用的，那么在计算土地增值税时将无法确定不得扣除的金额。

因此，对于公共配套设施，应先作为独立开发产品核算归集成本和费用，然后在计缴土地增值税时先剔除按规定不得扣除的公共配套设施费，接着将剩余可扣除的公共配套设施费中的不可售部分的成本和费用以合理的方法分摊到不同类型的开发产品上。

误区
No.074

企业占用城镇居民的土地才缴纳城镇土地使用税

城镇土地使用税的征税对象为土地，是以实际占用的土地面积为计税标准，按规定税额对拥有土地使用权的单位或个人征收的一种税。现行《中华人民共和国城镇土地使用税暂行条例》规定：在城市、县城、建制镇或工矿区范围内使用土地的单位和个人，为城镇土地使用税的纳税义务人，应依照本条例的规定缴纳城镇土地使用税。

所以，企业是否缴纳城镇土地使用税，并不是看占用的土地是否属于城镇居民，而是看企业占用土地的范围是否是城市、县城、建制镇或工矿区。这么看来，"企业占用城镇居民的土地才缴纳城镇土地使用税"的说法是不正确的。另外，针对"城镇土地使用税的纳税人"这一问题，我们需要注意以下一些认识要点。

①拥有土地使用权的单位和个人不在土地所在地的，其土地的实际使用人和代管人为城镇土地使用税的纳税人。

②土地使用权没有确定或权属纠纷没有解决的，其土地实际使用人为城镇土地使用税的纳税人。

③土地使用权共有，且共有各方都是纳税人的，共有各方都是城镇土地使用税的纳税人，由共有各方分别纳税。比如，几个单位共有一块土地使用权，A占60%，B和C分别占20%，若应交城镇土地使用税税额为100万元，则A应交60万元，B和C分别应交20万元。

城镇土地使用税每年都要交，一般是按年计算、分期缴纳，其计算公式如下。

应纳城镇土地使用税＝实际占用土地的面积 × 适用单位税额

根据城市、县城、建制镇和工矿区等土地的不同，其对应的单位税额也会不同，纳税企业在计算应缴纳的城镇土地使用税税额时一定要分清楚情况。

在城镇土地使用税的应税土地范围内，下列土地由省、自治区或直辖市地方税务局确定减免城镇土地使用税。

◆ 个人所有的居住房屋及院落用地。

◆ 免税单位职工家属的宿舍用地。

◆ 民政部门举办的安置残疾人占一定比例的福利工厂用地。

◆ 集体和个人办的各类学校、医院、托儿所和幼儿园用地。

城镇土地使用税征税对象中的"土地"只是城市、县城、建制镇或工矿区，不包括农村集体所有的土地；而耕地占用税的征税范围包括国有所有和集体所有的耕地，并且单位或个人占用耕地的目的是建房或从事非农业建设。城镇土地使用税以纳税人实际占用的土地面积为计税依据；耕地占用税以纳税人实际占用的耕地面积为计税依据。另外，耕地占用税不需要每年都交，而是在实际占用耕地时一次性征收。

误区
No.075

契税的计税依据都按土地、房屋的成交价格计算

契税以所有权发生转移变动的不动产为征税对象，是向产权承受人征收的一种税。应缴纳契税的范围包括土地使用权出售、赠与和交换，以及房屋买卖、赠与与交换等。各类土地、房屋的权属转移方式各不相同，对应的契税计税依据也会不同，主要有如下 4 种。

①以成交价格为计税依据。成交价格经双方确定，形成合同，税务机关以此为据直接计税，该类计税依据主要适用于国有土地使用权转让、土地使用权出售和房屋买卖。

②以市场价格为计税依据。土地、房屋价格绝不是一成不变的，比如北京成为 2008 年奥运会主办城市后，奥运村地价立即飙升，该地段在土地使用权赠送或房屋赠送时，计税依据只能是市场价格，而不是土地或房屋原值。所以，该类计税依据适用于土地价值发生特殊变化的情况。

③以土地和房屋交换差价为计税依据。一般由补差价的一方缴纳契税，如果差价为零，则意味着房屋或土地交换的双方均免缴契税。该类计税依据适用于房屋或土地使用权交换。

④以土地收益为计税依据。假设 2014 年国家以划拨方式把某企业的土地使用权划给了另一企业，3 年后，经许可，另一企业把土地转让，此时另一企业就需要补交契税，而此时的计税依据就是转让土地的收益，即出让土地使用权的所得。该类情况不常见，所以这种计税依据也不常被使用。

由此可知，"契税的计税依据都按土地、房屋的成交价格计算"的说法不正确。

误区
No.076

涉及自然资源买卖的企业都要缴纳资源税

资源税是以各种应税自然资源为征税对象的一种税，理论上可区分为对绝对矿租课征的一般资源税和对级差矿租课征的级差资源税，税收政策上体现为"普遍征收，级差调节"。也就是说，所有开采者开采的所有应税资源都应缴纳资源税，同时，开采中、优等资源的纳税人还要相应多缴纳一部分资源税。

资源税的纳税人是在我国境内开采应税矿产品或生产盐的单位和个人；但在某些情况下，资源税存在扣缴义务人，比如，可由收购未税矿产品的单位代扣代缴资源税。目前，资源税的征税范围有7类：原油、天然气、煤炭、其他非金属矿原矿、黑色金属矿原矿、有色金属矿原矿以及盐。

税法规定的应税商品在从生产到消费流转环节，均有需要缴纳资源税的情况，具体有如下4种。

◆ 纳税人对外销售资源税应税产品的，其纳税环节在出场（厂）销售环节。

◆ 纳税人自产自用资源税应税产品并用于连续生产和生活福利与基建等方面的，其纳税环节在产品移送使用环节。

◆ 扣缴义务人代扣代缴资源税的，其纳税环节在收购未税矿产品环节。

◆ 盐的资源税一律在出场（厂）环节由生产者缴纳。

由此可知，不同的资源税应税行为或产品有其特有的纳税环节，而针对同一种应税行为或产品只有一个环节需要缴纳资源税。所以，"涉及自然资源买卖的企业都要缴纳资源税"的说法不准确，准确的表达应为"涉及自然资源买卖的企业都会在特定的环节缴纳资源税"。

比如，纳税人以自采原矿加工精矿产品的，在原矿开采和移送使用时不缴纳资源税，在精矿销售或自用时缴纳资源税；又如，纳税人销售自采原矿或自采原矿加工的金精矿与粗金的，在原矿、金精矿或粗金销售时缴纳资源税，而在开采或移送使用时不缴纳资源税。

需要纳税人注意的是，以资源税应税产品投资、分配、抵债、赠与或以物易物的，均视同销售，按规定在应税行为发生时缴纳资源税。另外，纳税人应当向资源税应税产品的开采地或生产地主管税务机关缴纳资源税，纳税人在本省范围内开采或生产应税产品，但其纳税地点需要调整的，由省级地方税务机关决定。

很多纳税人还会走入另一误区：以为所有开采销售环节都要缴纳资源税。而事实上，资源税仅针对开采销售的第一个环节征收，对于以后的环节不再征收。所以，私营企业购进铁矿石后再销售的，不用缴纳资源税；煤炭进出口公司进口煤炭的，也不用缴纳资源税。这也说明"涉及自然资源买卖的企业都要缴纳资源税"的说法不正确。

误区
No.077

任何房产都按面积征收房产税

房产税是以房屋为征税对象，按房屋的计税余值或租金收入为计税依据而向产权所有人征收的一种财产税。房产税与城镇土地使用税一样，每年都需要缴纳，即"按年征收、分期缴纳"，并且，其征税范围是城镇的经营性房屋。对于自用的经营性房屋按房产计税余值征收，对出租的经营性房屋按租金收入征税。

纳税人需要明确的是，房屋出典不同于出租，出典人收取的典价也不同于租金。因此，房屋出典所得的典价不能确定为出租行为，进而不能从租计征，而应按房产余值计缴房产税。

①按房产余值计征就是从价计征，对应的年税率为1.2%，计算公式如下。

应纳房产税 = 房产原值 × （1- 扣除比例）× 1.2%

其中，扣除比例为10% ~ 30%之间的任何一个比例值，具体扣除比例由省、自治区或直辖市的人民政府确定。

②按房产租金收入计征的，年税率为 12%，计算公式如下。

年应纳房产税 = 房产年租金收入 × 12%

月应纳房产税 = 房产月租金收入 × （12% ÷ 12）

在房产税的征收过程中，是按面积征收还是按套数征收仍然存在较大的争议。而社科院的方案是按人均面积计缴房产税，这么做在操作层面上没有问题，但在实际征收时会遇到一些让房屋所有人难以接受的状况。比如，某家庭共三口人，房屋面积为 120 平方米，按规定人均 40 平方米的房屋不用缴纳房产税，但如果三口之家不幸变成了两口之家，在家庭处于悲伤氛围时却被税务相关人员告知该缴纳房产税了，此时税务机关会非常尴尬。

如果按套数征收房产税就可避免上面的情况发生，即第一套房屋不缴纳房产税。但这会变相提高离婚率，还可能使购买第一套房的人拼命买大户型，使得市场中的小户型房产不能顺利进行买卖交易。所以，按面积征收和按套数征收房产税，都有各自的优点和缺陷，纳税人不能对其一概而论。那么，对于房屋所有人来说，按套征收和按面积征收房产税这两种方式哪种更划算呢？下面来看看具体的例子。

某三口之家有两套房子，一套面积为 90 平方米，市场价为 100 万元；另一套面积为 140 平方米，市场价为 166.67 万元。房产税税率为 1.2%，从价计征房产税，税基为房屋市场价。

1. 按面积征收。

按规定，人均面积不超过 40 平方米的房屋可不用缴纳房产税，而该家庭房屋总面积为 230（90+140）平方米，人均约 76.67 平方米，所以该家庭的两套房屋要缴纳房产税。

90平方米的房子每平方米均价为1.11万元，140平方米的房子每平方米均价为1.19万元。

每年应交房产税 = （140−120）×1.19×1.2% + 90×1.11×1.2% = 1.4844（万元）

2. 按套数征收。

假设140平方米的房子是第一套房，可免征房产税，只对90平方米的第二套房征收房产税。

每年应交房产税 = 100×1.2% = 1.2（万元）

这么看来，按套数征收房产税对房屋所有人比较有利。但如果140平方米的房子是第二套房，而90平方米的房子为第一套房，则：

每年应交房产税 = 166.67×1.2% ≈ 2（万元）

这么看来，按面积征收房产税对房屋所有人比较有利。

但是，如果该家庭的90平方米房子的市场价为150万元，140平方米房子的市场价为250万元，那么，按面积征收时，每年应交房产税为：（140−120）×（250÷140）×1.2%+90×（150÷90）×1.2% ≈ 0.43+1.8 = 2.23（万元）；而按套数征收，第一套房为140平方米的，每年应交房产税为：150×1.2% = 1.8（万元），此时选择按套数征收对房屋所有人比较有利，第一套房为90平方米的，每年应交房产税为：250×1.2% = 3（万元），此时按面积征收对房屋所有人比较有利。

由上述案例可知，在判断是按面积征收有利还是按套数征收有利时，要看第一套房和第二套房的价格高低。通常，第一套房价格更高时按套数征收比较有利，第一套房价格较低时按面积征收比较有利。但这种判断方式只针对个人住房而言，对于企业用房来说，通常都是按照面积征收房产税。

其他日常经营活动的纳税要点

企业在经营过程中会涉及一些不常发生的经营活动，而这些活动是否需要缴纳税款以及需要缴纳的是哪种税等都需要纳税人和财会人员提高警惕。因为这些不常见的经营活动的涉税问题更容易被企业忽视，导致企业走入纳税误区，甚至遭受涉税风险。

误区
No.078

跨地区的公益性捐赠支出不能税前扣除

根据《财政部、国家税务总局、民政部关于公益性捐赠税前扣除有关问题的补充通知》（财税〔2010〕45号）第三条规定，对获得公益性捐赠税前扣除资格的公益性社会团体，由财政部、国家税务总局和民政部以及省、自治区、直辖市、计划单列市财政、税务和民政部门每年分别联合公布名单。名单应当包括当年继续获得公益性捐赠税前扣除资格和新获得公益性捐赠税前扣除资格的公益性社会团体。企业或个人在名单所属年度内向名单内的公益性社会团体进行的公益性捐赠支出，可按规定进行税前扣除。

该规定没有强调"异地"或是"同一地区"，所以，"跨地区公益性捐赠支出可税前扣除"的说法是正确的。

比如，某地师范教育基金已经被该地税务机关认定为有受赠资格的公益性社会团体，而河南某盈利企业向其捐赠了一定的教育基金，并且取得该师范教育基金开具的公益性捐赠票据。那么，河南的该盈利企业可以凭借票据将该项支出在企业所得税税前扣除。

如果公益性社会团体只是企业对外捐赠的"中转站"，那么这样的捐赠支出还能不能在企业所得税税前扣除呢？来看一个具体的案例。

广州某营利性公司打算通过深圳的一家公益性社会团体向某灾区捐款。该公益性社会团体在深圳当地主管部门发布的获得公益性捐赠税前扣除资格的公益性社会团体的名单中，但不在广州主管部门公布的名单里面。

对于广州的营利性公司向其他地区所公布的名单中的公益性社会团体捐款是否可以税前扣除的问题，目前的税务文件《财政部、国家税务总局、民政部关于公益性捐赠税前扣除有关问题的补充通知》（财税〔2010〕45 号）只规定了"企业或个人通过获得公益性捐赠税前扣除资格的公益性社会团体或县级以上人民政府及其组成部门和直属机构，对外实施捐赠而用于公益事业的捐赠支出，可以按规定进行所得税税前扣除"，而此外并没有进一步规定"必须是通过同一地方主管部门公布名单才可税前扣除"。

所以，广州营利性公司通过深圳公益性社会团体向某灾区进行的捐款，其捐款支出可按程序申请公益性捐赠税前扣除资格，进而将该支出在税前进行扣除。

由上述案例可知，企业无论是直接向异地公益性社会团体捐款，还是通过异地公益性社会团体对公益事业进行捐款，都可以申请公益性捐赠税前扣除资格，并将捐赠支出在税前进行扣除。这进一步证实了"跨地区公益性捐赠支出可税前扣除"的说法是正确的。

误区
No.079

企业的任何财产保险费支出都能税前扣除

根据《中华人民共和国企业所得税法实施条例》（中华人民共和国国务院令第 512 号）第四十六条的规定，企业参加财产保险且按规定缴纳的保险费，准予扣除。其中，财产是指与生产经营活动有关的各类财产，与生产经营活动无关的财产保险支出，不得在税前扣除。

也就是说，即使企业参加的财产保险是商业保险，保险费也能在税前扣除。比如，企业自有的小汽车的"全险"就可在税前扣除。需要注意的是，当企业参加的是商业保险且发生保险事故时，企业将依据合同约定获得相应的赔偿，这时企业因参加商业保险而发生的保险费支出仍然允许税前扣除，获得的赔偿在计算应纳税所得额时应抵扣相应财产的损失，然后计算出企业参加商业保险的财产的净损失，计入当期损益。

那么，企业参加哪种或哪些财产保险时支付的保险费不能在税前扣除呢？比如，企业为职工支付的家庭财产保险就不能在税前扣除。道理很简单，企业为职工支付的家庭财产保险与生产经营无关，所以不属于《中华人民共和国企业所得税法实施条例》规定的准予扣除的财产保险范围。

关于该纳税要点，它可以延伸出其他一些纳税注意事项，下面作具体介绍。

问：企业为员工支付的因公出差交通保险的保险费能在税前扣除？

答：常见的企业因公出差人员意外伤害险有随票按次购买和按年统一购买两种，根据《国家税务总局关于企业所得税有关问题的公告》（国家税务总局公告 2016 年第 80 号）的规定，企业职工因公出差乘坐交通工具发生的人身意外保险费支出，准予企业在计算应纳税所得额时进行扣除。

问：为投资者或职工个人购买的商业保险费能否在税前扣除？

答：《企业所得税实施条例》第三十六条规定，除企业依照国家有关规定为特殊工种职工支付的其他人身安全保险费和国务院、税务主管部门规定可以扣除的其他商业保险外，企业为投资者或职工支付的商业保险费不能在税前扣除。即使计入了福利费或工资并为员工代扣代缴了个人所得税，也不能在税前扣除，而需要在年度汇算清缴时作纳税调增处理。

问：国家规定的可税前扣除的特殊工种有哪些？

答：根据《中华人民共和国企业所得税法实施条例》（中华人民共和国国务院令第 512 号）第三十六条的规定，企业依照国家有关规定为特殊工种职工支付的人身安全保险费允许税前扣除。特殊工种人身安全保险主要包括如下这些情形。

◆ 保安从业单位应根据保安服务岗位的风险程度为保安员投保意外伤害险。

◆ 建筑施工企业必须为从事危险作业的职工办理意外伤害险。

◆ 煤矿企业应依法为职工参加工伤保险。

◆ 为井下作业职工办理意外伤害保险。

◆ 企业应为从事高空、高压、易燃、易爆、剧毒、放射性、高速运输、野外和矿井等高危作业的人员办理团体人身意外伤害保险或个人意外伤害保险。

问：企业依法为职工缴纳的基本社会保险是否能在税前扣除？

答：《企业所得税法实施条例》第三十五条规定，企业依照国务院有关主管部门或省级人民政府规定的范围和标准为职工缴纳的"五险"准予税前扣除。分析该规定可知，企业只有按规定的范围和标准缴纳的"五险"才能在税前扣除，没有上缴至国家主管部门的"五险"，如以现金形式发放给职工个人的社会保险不得在税前扣除。而如果企业将以现金形式发放给职工个人的"五险"视同为支付给任职或受雇员工的合理工资薪金，则此时的"五险"可全额在税前扣除。

问：企业缴纳的补充养老保险和补充医疗保险也全额税前扣除吗？

答：补充养老保险和补充医疗保险是在基本养老保险和基本医疗保险的基础上额外缴纳的保险费。政府以政策指导和政策优惠为导向，用工单位和员工共同出资，以资金积累和运作增值为主要特征，以提高出资单位员工的养老待遇为主要特点，它们是社会保险的重要组成部分。企业为投资者或职工支付的补充养老保险费和补充医疗保险费，在国务院财政和税务主管部门规定的范围和标准内按比例准予扣除。

知识加油站

自 2008 年 1 月 1 日起，企业根据国家有关政策规定，为在本企业任职或受雇在全体员工支付的补充养老保险费和补充医疗保险费的，分别在不超过职工工资总额 5% 标准内的部分，在计算应纳税所得额时准予扣除，超过的部分不予扣除。职工工资总额为全体职工合理的年均工资乘以参保人数之积，是作为计算补充养老保险费和补充医疗保险费税前扣除的基数。有关税务政策规定，补充养老保险和补充医疗保险不属于职工福利费的列支范围，因此，企业依照财务会计制度的规定在应付福利费科目中列支了补充养老保险费和补充医疗保险费的，一方面可在税收规定的标准内调减当期实际发生的职工福利费支出，并按税收规定在税前扣除；另一方面，企业可将实际发生的符合税收规定标准的补充养老保险和补充医疗保险直接计入当期损益，未通过应付福利费科目核算的，应按税收规定的标准予以税前扣除，超过部分调增应纳税所得额。

问：外企为境内员工支付的境外保险费能否在税前扣除？

答：根据《国家税务总局关于外商投资企业和外国企业的雇员的境外保险费有关所得税处理问题的通知》的规定，外商投资企业和外国企业按照有关国家社会保险制度的要求，或作为企业内部福利或奖励制度，直接为其在中国境内工作的雇员（含在中国境内有住所和无住所的雇员）支付或负担的各类境外商业人身保险费和境外社会保险费，不得在企业所得税税前扣除，比如向境外社会保险机构和商业保险机构支付的失业保险费、退休金、储蓄金、人身意外伤害保险费和医疗保险费等。但如果境外保险费作为支付给雇员的工资薪金的，可在企业所得税税前全额扣除。

所有营业外支出都需要进行纳税调增

营业外支出是指企业发生的与其生产经营无直接关系的各项支出，如固定资产盘亏、处置固定资产净损失、出售无形资产损失、债务重组损失、计提的固定资产减值准备、计提的无形资产减值准备、计提的在建工程减值准备、罚款支出、捐赠支出和非常损失等。

而需要纳税调增的营业外支出是指原本不能税前扣除的营业外支出进行了税前扣除，在企业所得税汇算清缴时需要将已经扣除的营业外支出重新计入应纳税所得额，即纳税调增。一般来说，不得税前扣除的营业外支出有下面一些。

◆ 各种赞助支出。

◆ 因违反法律和行政法规而交纳的罚款和滞纳金。

◆ 纳税人直接向受赠人实施的捐赠支出。

◆ 国家税法规定可提取的准备金之外的任何形式的准备金。

◆ 向投资者支付的股息和红利等权益性投资收益款项。

◆ 出售职工住房发生的财产损失。

◆ 与取得收入无关的其他各项支出，如债权担保等原因承担连带责任而旅行的赔偿、企业负责人个人消费支出等。

相应的，原本就能在税前扣除的营业外支出进行了税前扣除的，就不需要进行纳税调增。这样的营业外支出如图 8-1 所示。

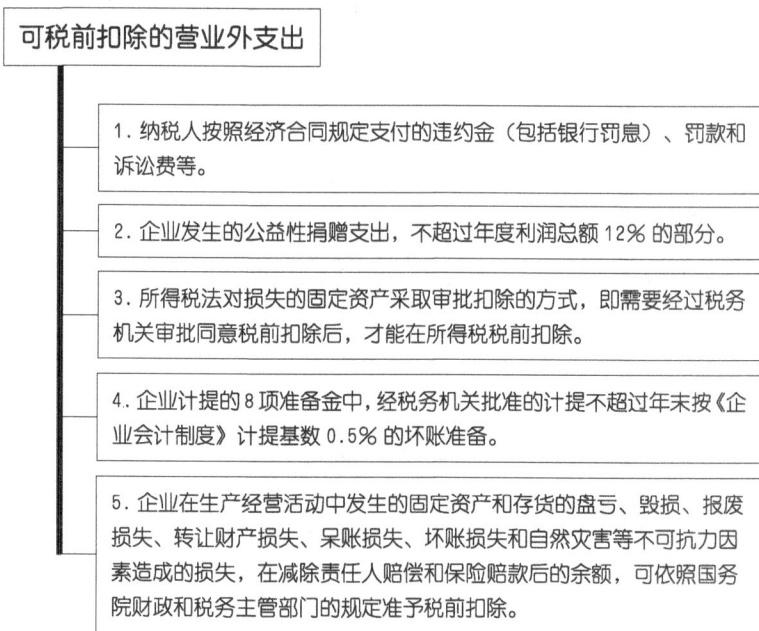

可税前扣除的营业外支出

1. 纳税人按照经济合同规定支付的违约金（包括银行罚息）、罚款和诉讼费等。

2. 企业发生的公益性捐赠支出，不超过年度利润总额 12% 的部分。

3. 所得税法对损失的固定资产采取审批扣除的方式，即需要经过税务机关审批同意税前扣除后，才能在所得税税前扣除。

4. 企业计提的 8 项准备金中，经税务机关批准的计提不超过年末按《企业会计制度》计提基数 0.5% 的坏账准备。

5. 企业在生产经营活动中发生的固定资产和存货的盘亏、毁损、报废损失、转让财产损失、呆账损失、坏账损失和自然灾害等不可抗力因素造成的损失，在减除责任人赔偿和保险赔款后的余额，可依照国务院财政和税务主管部门的规定准予税前扣除。

图 8-1

根据上述规定可知，各项营业外支出在税前扣除的政策是不同的。比如，非流动资产处置损失，在符合财税的相关文件规定的条件下可以税前扣除；公益性捐赠支出中，在年度利润总额 12% 以内的部分才可税前扣除，超过部分不得扣除；盘亏损失在符合财税的相关文件规定的条件下可税前扣除；罚款支出中的经营性罚款才可税前扣除，不是经营性罚款的支出不能税前扣除。所以，不是所有营业外支出都会发生"不能扣除但会计上已经扣除，需要调增应纳税所得额"的情况，"所有营业外支出都需要纳税调增"的说法是不正确的。

误区
No.081

所有类型的罚款、罚金都能在税前扣除

通过前一个纳税要点的学习我们知道，企业发生的经营性罚款支出可在税前扣除。在实际经营过程中，与经营性罚款对应的是行政性罚款（违反法律和行政法规而交付的罚款、罚金和滞纳金等），而企业有时可能会支付一些行政性罚款。与经营性罚款不同，行政性罚款支出不能在企业所得税税前扣除。"所有类型罚款、罚金都能在税前扣除"的说法是不正确的。企业经营过程中常见的行政性罚款有下面一些。

①企业因以前月份少申报税款而向税务机关缴纳的罚款和滞纳金，属于税收行政性罚款和税收滞纳金，不可税前扣除。

②企业因没有按规定申报纳税而被税务机关要求交纳的罚款，属于行政性罚款，不可税前扣除。

③企业因违反有关规章制度，被工商部门处罚的相应罚款，属于税政性罚款，不可税前扣除。

④企业的司机因交通违章被交警罚款，属于行政性罚款，不可税前扣除。

⑤企业因消防设施维护不到位，受到消防大队的处罚而交纳的罚款，属于行政性罚款，不可税前扣除。

⑥企业办理丢失增值税发票挂失手续而产生的罚款，属于行政性罚款，不可税前扣除。

⑦企业被有关部门处以的行政处罚罚款，不可在税前扣除。

需要纳税人注意的是，企业向商业银行贷款，逾期归还款项而被银行加收罚息的，罚息不属于行政性罚款，所以可以在税前扣除。

误区
No.082
任何违约金或赔偿款都需发票才能税前扣除

通常，违约金和赔偿款是企业违反了合同条款而造成的损失，所以几乎都可以税前扣除。但很多时候，这些违约金或赔偿款要进行税前扣除，必须要有相应的发票才行，但有的违约金或赔偿款也无须发票就能进行税前扣除。

采购方补偿销售方的损失（采购方支付违约金或赔偿款）

比如，A 和 B 两家公司签订了销售合同，合同中约定 B 企业按约定时间到第三方仓库将货物运走。由于 B 企业未在规定时间内运走货物，导致 A 企业向第三方仓库支付了额外的保管费，后来，B 企业向 A 企业支付违约金以补偿 A 企业的损失。

这种违约金属于增值税中的"价外费用"，A 企业需要向 B 企业开具发票，而 B 企业只有凭借该发票才能进行企业所得税税前扣除。

销售方补偿采购方的损失（销售方支付违约金或赔偿款）

比如上述例子中的 A、B 两家企业，同样是签订了销售合同，合同也约定 B 企业按约定时间到第三方仓库将货物运走。不同的是，A 企业延迟交付货物，第三方仓库没有发生实质性的保管业务，所以不能向 A、B 中任意一方索要保管费，但延迟交货导致 B 企业生产遭受损失，从而使得 A 企业向 B 企业支付了违约金，用于补偿 B 企业的生产损失。

这种情况下，B 企业实际上没有向 A 企业提供商品或服务，A 企业支付的违约金纯属补偿责任，属于销售折让的范畴。因此，B 企业不能向 A 企业提供发票，而 A 企业需要向 B 企业开具红字发票，并凭借红字发票的记账联冲减其营业收入，并在企业所得税税前扣除。

定金被没收或双倍返还定金的情形

根据我国《民法通则》第八十九条规定，交易当事人的一方在法律规定的范围内可向对方给付定金，给付定金的一方履行债务后，定金应抵作价款或从债权人手中收回，不履行债务的，无权要求接受定金的一方返还定金；接受定金的一方不履行责任的，应双倍返还定金。

合同因未履行而发生定金被没收或双倍返还定金的情形，没有发生增值税应税行为，因此这种违约金不能开具发票。而定金被没收的一方或双倍返还定金的一方都应凭借签订的合同、支付定金的凭证或者其他生效的法律文书（如判决书）作为支付费用的凭证，进行企业所得税税前扣除。

比如，上述例子中的 A、B 两家企业签订了销售合同，合同约定 B 企业向 A 企业支付一定的定金，但之后 B 反悔解除了合同，而 A 企业实际上没有履行合同中规定的义务和责任，所以不能向 B 企业开具发票。但 B 企业可以用银行付款凭证作为企业所得税税前扣除的依据，并在凭证后附带支付定金所依据的合同。

提供服务方支付赔偿款

比如，某企业将部分原材料委托其他企业加工，加工企业在加工过程中由于加工不当产生很多不合格产品，给委托企业造成损失，两家公司协商后，加工企业答应赔偿委托企业的损失，实际操作时委托企业从应付加工企业加工费中扣除了赔偿款。

这种情形下，无论加工企业是否要求委托企业开具发票，委托企业都不能开具。因为加工企业加工的产品存在质量问题，委托企业收到的赔偿款不是因为提供应税劳务而向购买方收取的价外费用，所以该赔偿款不属于开具发票的范围。此时，加工企业需要依据赔偿款支付凭证或相关合同进行企业所得税税前扣除。

由上述几种情况可知，不是所有的违约金或赔偿款都需要依据发票才能进行税前扣除，所以，"任何违约金或赔偿款都需发票才能税前扣除"的说法是不正确的。

误区
No.083
员工执业资格考试费不能在税前列支扣除

《财政部、全国总工会、发展改革委、教育部科技部、国防科工委、人事部、劳动保障部国资委、国家税务总局、全国工商联关于印发〈关于企业职工教育经费提取与使用管理的意见〉的通知》规定，企业职工教育培训经费的列支范围包括下面一些。

◆ 上岗和转岗培训。

◆ 各类岗位适应性培训支出,比如财务人员购买专业书籍的费用。

◆ 岗位培训、职业技术等级培训和高技能人才培训。

◆ 专业技术人员继续教育。

◆ 特种作业人员培训。

◆ 企业组织的职工外送培训的经费支出。

◆ 职工参加的职业技能鉴定和职业资格认证等经费支出。

◆ 购置教学设备与设施的支出。

◆ 职工岗位自学成才奖励费用。

◆ 职工教育培训管理费用以及有关职工教育的其他开支。

根据上述职工教育培训经费的列支范围可知，企业支付的员工执业资格考试费用可以在税前扣除。同样，企业发给职工参加职称考试的报名费、培训费和资料费等也可以作为职工教育经费列支，并能进行企业所得税税前扣除。"员工执业资格考试费不能在税前列支扣除"的说法是不正确的。

在认识职工教育经费列支范围时，纳税人需要注意如下 3 个要点。

职工教育经费的实际发生是税前扣除的前提

《企业所得税实施条例》有规定，除国务院财政和税务主管部门另有规定外，企业发生的职工教育经费支出，不超过工资薪金总额 2.5%的部分准予扣除；超过部分，准予在以后纳税年度结转扣除。该政策中的认识重点为"发生"二字，很多人以为没有实际支付但已经计提的职工教育经费可以在税前扣除，这是一个纳税误区。

事实上，《企业所得税实施条例》中关于"企业发生的职工教育经费支出"中的"发生"二字说明了税前扣除职工教育经费必须遵循收付实现制原则，即准予税前扣除的职工教育经费必须是企业已经实际发生或支出的部分，对于账面已计提但未实际发生的职工教育经费，不得在纳税年度内进行税前扣除。实务中，企业如果按照工资薪金的一定比例"计提"职工教育经费并计入相关损益科目，则应先纳税调整汇算已经计提与实际发生的职工教育经费的差额，然后按照相关规定再纳税调整职工教育经费。

职工培训费用 ≠ 职工教育经费

一方面，有的费用开支属于职工培训费用但未必属于企业所得税口径的职工教育经费，比如，企业组织职工参加社会上的学历教育和个人为取得学位而参加的在职教育等职工培训费用，不属于企业的职工教育经费支出。

另一方面，企业所得税口径的职工教育经费虽包含了符合条件的职工培训费用，但不仅仅是职工培训费用，比如，还包括购置教学设备与设施、职工岗位自学成才奖励费用及职工教育培训管理费用等。

职工教育经费产生的进项税额可以抵扣

根据《增值税暂行条例》和财政部、国家税务总局财税〔2016〕36 号文件附件 1 的相关规定可知，职工教育经费不属于福利性质的费用，也就是说，一般纳税人企业用于职工教育经费范围的开支，取得增值税专用发票的，其对应的进项税额可按规定进行抵扣。

比如，企业为职工购买了职工培训用书，取得增值税专用发票，其进项税额可按规定进行抵扣；在职工教育经费中支出的住宿费是用于职工教育支出的，纳税人取得的增值税扣税凭证只要符合法律和行政法规的规定，都可按规定抵扣进项税额。

误区
No.084

员工统一工作服费用支出不能税前扣除

根据《国家税务总局关于企业所得税若干问题的公告》及《企业所得税法实施条例》的规定，企业根据其工作性质和特点，由企业统一制作并要求员工工作时统一着装所发生的工作服饰费用，可作为企业合理的支出给予税前扣除。

该规定中的工作服费用不属于职工福利费范畴，一般在相关的成本费用中的"劳动保护费"或单独"工作服费用"科目中列示。而非统一着装的工作服应属于职工福利费范畴，同时企业需要代扣代缴个人所得税。由《国家税务总局关于企业所得税若干问题的公告》的规定可知，企业员工工作服费用需要同时满足以下4个条件才能税前扣除。

符合员工工作性质和特点

企业对服饰的需求、设计、款式和安排等必须符合员工工作本身的性质和特点，第一，企业生产经营活动的具体性质决定了统一服饰具有必要性，必须统一着装；第二，必须针对企业生产经营活动的具体特点对服饰进行统一设计和安排，服饰必须符合企业生产经营的特点和需求，要具有针对性。概括地说，工作服要体现以下4个方面的性质要求和特点要求。

①对员工人身安全、身体健康的保证需求，或为了方便工作，比如，许多生产型企业生产车间工人穿戴的各种劳动保护服饰，包括衣服、口罩、面罩、护目镜和手套等；商品流通企业接触特殊商品的人员必须穿戴的防护服饰等。如果企业发放的工作服使得一线工人工作时无法穿戴，比如给旷工、建筑工或电焊工等发放西服，则不属于劳动保护服饰，不符合员工工作性质和特点，产生的费用不得税前扣除。

②对产品质量保证的需要，比如，食品、饮料和药品等生产企业为保证产品质量的安全和卫生，要求员工工作时必须穿戴统一的卫生隔离衣帽。如果发放的衣帽不能保证产品质量的安全和卫生，则不符合员工工作性质和特点，产生的费用不得税前扣除。

③为了特殊工种工作更便利的需要，比如，一些企业特殊工种的工作人员必须穿戴防火服或防高温服等。如果发放的工作服不能防火或防高温，以及不能方便其他特殊工种的工作需要，则不符合员工工作性质和特点，产生的费用不得税前扣除。

④为了树立企业形象和宣传企业文化的需要，比如，金融、保险、证券、航空以及各种服务性企业要求统一穿戴的西服或职业装等。如果发放的工作服不能达到树立企业形象和宣传企业文化的目的，则认定为不符合员工工作性质和特点，发生的费用不得税前扣除。

由企业统一制作

员工工作时的统一着装必须由企业统一制作，"统一制作"包含6项，即统一定制（或统一购买）、统一衣料、统一色彩、统一款式、统一付款和统一开票。统一制作的服饰能体现出明显的企业特点，但日常实务中，一些企业常常误解或扭曲了对"统一制作"的要求。

比如，有些企业仅将服饰款项统一付给商店或工厂，而后由员工根据自己的需要选择各自喜欢的款式，企业用于报销的仅仅是由商店或工厂开具的一张发票，且发票上的货物品名写的也是"工作服"，但实际上根本不能体现"由企业统一制作"的6项统一的要求。还有的企业每年直接给员工发放现金，由头是"给员工发放服装费"，而实际上属于给员工发放的货币补贴，这更不能体现"由企业统一制作"的6项统一的要求。这些情形发生时产生的服装费用，不能税前扣除。

需要纳税人注意的是，只要是满足6项统一的要求且由企业统一制作的工作服，即使没有统一的标志或标识，也属于"由企业统一制作"范畴，可以进行税前扣除。关于这一注意事项，很多纳税人很容易走入误区，所以一定要深刻明确。

要求员工工作时统一着装

该条件是指企业必须要求员工工作时穿着统一制作的服饰，一方面，要看企业是否有相关制度规定，即企业是否制定了统一制作员工服饰、服饰的费用标准及要求员工工作时必须统一着装等规章制度，或者在相关制度中明确规定了员工工作时必须统一着装等要求；另一方面，要看员工实际工作时是否已经统一着装，即在企业正常生产经营的情况下，处于工作状态的员工是否已统一穿戴统一制作的服饰。

需要说明的是，即使企业没有制定必须统一着装的相关规章制度，或者企业生产车间的工人与管理部门人员的工作服有差异，或者男女员工统一着装的服饰有差异等，只要企业根据员工本身工作的性质和特点对服饰进行了统一制作，并要求员工工作时必须统一着装，则"没有制定相关规章制度""部门之间工作服有差异"和"男女员工工作服有差异"等问题都不应该影响工作服费用的税前扣除。所以，该条件最根本的标准还是看企业员工是否已经统一着装。

作为企业合理的支出

从该条件可以看出，《国家税务总局关于企业所得税若干问题的公告》实际上已将企业发生的工作服饰费用定性为"合理的支出"，而根据《企业所得税法实施条例》和《企业所得税法》的相关规定可知，合理的支出是指符合生产经营活动常规、应计入当期损益或有关资产成本的必要和正常的支出。

也就是说，"合理的支出"要看企业本身或类似企业是否有发生同类费用的惯例；要看统一着装的费用标准、发放数量和发放频率等是否符合类似企业的经营常规；要确定企业不存在借机扩大员工福利的问题；要确定企业不以规避或调节税负为目的。

另外，现行增值税条例没有对工作服对应的进项税额的抵扣作出规定，实务中可参照企业所得税的规定，对不计入福利费的工作服进项增值税发票载明的税额进行抵扣。

借：管理费用——工作服费用

应交税费——应交增值税（进项）

贷：银行存款

如果是车间要用的工作服，先购置或定制，然后根据需要发放的，在工作服验收入库时先计入会计新准则中的"周转材料——低值易耗品"科目，领用时再按员工所属部门的不同计入有关费用科目。

误区
No.085

非正常损失转出的进项税额不能税前扣除

根据《增值税暂行条例实施细则》可知，非正常损失是指因管理不善造成被盗、丢失或霉烂变质的损失以及因自然灾害等不可抗力因素造成的损失。非正常损失的购进货物及相关的加工修理修配劳务，其进项税额不得从销项税额中抵扣。而这些不得抵扣进项税额的非正常损失如果已经抵扣进项税额，则需要将进项税额从当期进项税额总额中扣减，即进项税额转出。非正常损失转出的进项税额可以在税前扣除，即可以与存货损失一起在计算应纳税所得额时扣除。"非正常损失转出的进项税额不能税前扣除"的说法是不正确的。

K公司为食品加工企业，为增值税一般纳税人。2017年8月的某天晚上，因为保安人员的责任导致企业上月购进的部分原材料被盗，而相应的原材料进项税额已经抵扣。已知该批原材料的不含税价格为10000元，增值税税率为17%，企业要求责任人赔偿2500元的损失。

该批原材料属于"因管理不善"而导致的被盗，所以属于非正常损失。其对应的已经抵扣的进项税额需要作转出处理。

增值税进项税额 = 10000×17% = 1700（万元）

借：待处理财产损溢——待处理流动资产损溢　　11700

　　贷：原材料　　10000

　　　　应交税费——应交增值税（进项税额转出）　　1700

也就是说，该企业在计算企业所得税时，应纳税所得额可扣减1700 元，而该批原材料对应的实际损失为 7500（10000−2500）元。

另外，一些不能抵扣增值税进项税额的，其进项税额可通过特定的方式在税前扣除。

①企业外购固定资产发生不能抵扣进项税额的，计入固定资产成本，通过折旧在税前扣除。

②用于非应税项目、集体福利或个人消费的购进货物或应税劳务，其进项税额不予抵扣，通过成本或当期损益在税前列支并按比例扣除。

③出口企业因征收率与出口退税率产生的差额不予抵扣进项税额的，将差额转入企业当期成本，在税前扣除。

误区
No.086

合理避税要注意的几大误区

在当下市场中，纳税人惯用的避税手法实际上并不十分合理，因此很容易使企业面临涉税风险。所以，纳税人需要明确合理避税中需要注意的几大误区，防止合理避税"不合理"，从而降低涉税风险。

误区一：合理避税就是少缴税或不缴税

提及合理避税，很多人的第一反应就是纳税人利用各种手段，想方设法地少缴税甚至不缴税，以达到直接减轻自身税负的目的。实际上，合理避税只是纳税人生产经营的一种手段，是一种生产经营活动方式，其根本目的应与纳税人的生产经营目的一致，即追求企业利益的最大化。对纳税人来说，如果从某一经营方案中可以获得最大化的利润，即使该方案会增加纳税人的税收负担，该方案仍然是纳税人的最佳经营方案，总的来说税负也不再是负担。

所以，合理避税并不仅仅是少缴税或不缴税，而是要通过税收筹划使企业利益达到最大化，即使企业利益达到最大化时的税务方案就可以称得上是合理避税。

误区二：合理避税只与税款的多少有关

目前，大多数纳税人的合理避税对象都是税款，即将合理避税简单地看成是税款的少缴甚至不缴，而很少考虑税款之外的其他因素。这是一种不正确且不全面的合理避税观。合理避税并不是单纯地节税，而是履行纳税人的权利和义务。全面履行纳税义务时最大的利益是可以使纳税风险降到最低限度，从而避免因为不履行纳税义务而被税务机关处罚，进而减少和避免纳税人在纳税方面不必要的损失。纳税人在履行纳税义务的同时，也应依法享受法定的权利。

现如今，由于多种方面的原因，我国企业纳税人在纳税权利方面的税收筹划非常欠缺，有的甚至连最基本的纳税人权利都不知道如何维护，对税收法律法规赋予的权利也常常不知不觉地就放弃了。从某种意义上来讲，放弃自己应有的权利就会使自己的经济利益遭受损失。因此，依法维护纳税人权利是合理避税的一个重要内容。

合理避税没有风险

从我国合理避税的实际情况来看，纳税人在进行合理避税时会普遍认为，只要进行合理避税就可以减轻税收负担，增加自身收益，而很少甚至根本不考虑合理避税存在的风险和隐患。合理避税最大的风险就是失败。

首先，合理避税具有主观性，纳税人选择哪种合理避税方案、如何实施等，完全取决于纳税人的主观判断，包括对税收政策的认识和对合理避税条件的认识等。主观性判断的正确与否必然影响合理避税方案选择与实施的成功与否。其次，合理避税具有条件性，一切合理避税方案都是在一定条件下选择和确定的，且在一定条件下组织实施的。与纳税人的经济活动有关的条件以及财务与税收政策等外部条件都会影响合理避税的成败。

合理避税的过程实际上就是纳税人根据自身生产情况，对税收政策的差别进行选择的过程。

误区
No.087

个人投资者从本企业借款不还时可视为红利分配，但不用缴纳个税

根据《财政部、国家税务总局关于规范个人投资者个人所得税征收管理的通知》（财税〔2003〕158 号）的相关规定：纳税年度内个人投资者从其投资的企业（个人独资企业与合伙企业除外）借款，在该纳税年度终了后既不归还借款，又未用借款进行生产经营的，其未归还的借款可视为企业对个人投资者的红利分配，个人投资者依照"利息、

股息、红利所得"项目计征个人所得税。"个人投资者从本企业借款不还时可视为红利分配，但不用缴纳个税"的说法是不正确的。

例如，某市的一家有限责任公司截至 2013 年初，借款给其股东苏某 150 万元、洪某 132.5 万元、倪谋 152.5 万元，共计借款 435 万元，3 位股东在 2015 年 6 月将借款归还给公司，而公司未使用该笔款项进行公司的生产经营活动。2016 年 2 月底，该市地方税务局稽查局对该公司涉嫌税务违法行为立案稽查，在 2017 年 2 月底对该公司做出了税务处理决定，认定该公司少代扣代缴 87 万元的个人所得税，责令该公司补扣、补缴。

在上述案例中，公司借给股东的款项在归还后没有用于生产经营活动，所以在 2013 至 2015 年 6 月期间，这 3 笔借款要视为发放给股东的红利，股东需要缴纳个人所得税，股东没有自行缴纳个人所得税的，需要由公司代扣代缴。所以，在 2017 年 2 月底时公司被市税稽处认定为少代扣代缴了个人所得税，责令其补扣、补缴。

同样，如果上述案例中的公司在将款项借给 3 位股东后，股东一直没有归还给公司，则股东在 2013 年初获得的借款将被视为公司发的红利，要计缴个人所得税，可以让企业代扣代缴。

误区
No.088

业务发生时支出的餐费就是业务招待费

目前，我国财务会计制度和新旧税法都未对业务招待费的范围给予准确的界定。而在税务执法实践过程中，业务招待费的具体范围包括以下一些费用开支。

◆ 企业生产经营需要而宴请或提供工作餐的开支。

◆ 企业生产经营需要而赠送纪念品的开支。

◆ 企业生产经营需要而发生的旅游景点参观费、交通费及其他费用的开支。

◆ 企业生产经营需要而发生的业务人员的差旅费开支。

企业在正常经营过程中，餐费的产生原因各种各样，但很多企业却将餐费统一计入业务招待费核算，这样就会出现将不属于业务招待费的餐费计入业务招待费的情况，势必会导致企业多缴税。因此，企业需要把握好如下餐费的"归属地"才能帮助自己达到合理避税的目的。

◆ 员工年终聚餐、日常午餐费和加班餐费等应计入应付福利费。

◆ 员工出差途中符合标准的餐费应计入差旅费。

◆ 员工培训的合规餐费应计入职工教育经费。

◆ 企业管理人员在酒店开会发生的餐费应列入会议费。

◆ 企业召开董事会发生的餐费应列入董事会会费。

◆ 影视企业拍摄过程中的"影视剧中的餐费"属于影视成本。

◆ 企业因业务洽谈会和展览会等发生的餐饮住宿费用以及做促销活动时赠送给客户的礼品费用等，可作为业务宣传费而不能作为业务招待费。

也就是说，业务招待费包括餐费，但餐费不一定就是业务招待费。所以，"业务发生时支出的餐费就是业务招待费"的说法是不正确的。

误区
No.089

企业免费提供给职工居住的宿舍不缴房产税

《财政部、国家税务总局关于调整住房租赁市场税收政策的通知》

（财税〔2000〕125号）规定：对按政府规定价格出租的公有住房和廉租住房，包括企业和自收自支事业单位向职工出租的单位自有住房；房管部门向居民出租的公有住房；落实私房政策中带户发还产权并以政府规定租金标准向居民出租的私有住房等，暂免征收房产税和营业税。

其中，"企业和自收自支事业单位向职工出租的单位自有住房"是指纳入政府廉租房计划的住房，对于未纳入廉租房计划的该类自有住房，不能享受暂免征收房产税的免税政策。

解读上述规定可知，满足"按政府规定价格出租的公有住房"才可免征房产税，而企业免费提供给职工居住的宿舍不符合房产税免征条件，所以需要缴纳房产税，"企业免费提供给职工居住的宿舍不缴房产税"的说法是不正确的。

除《财政部、国家税务总局关于调整住房租赁市场税收政策的通知》规定的可暂免征收房产税的房产外，还有以下一些房产免征房产税。

①国家、人民团体和军队自用的房产，但用于出租的不能免税。

②由国家财政部门拨付事业经费的企业自用房产，但学校的工厂、商店和招待所等应照章纳税。

③宗教寺庙、公园和名胜古迹自用房产，但用于经营的不能免税。

④行使国家行政管理职能的中国人民银行总行所属分支机构自用的房产。

⑤纳税人因房屋大修导致连续停用半年以上的，在房屋大修期间免征房产税。

⑥在基建工地为基建工地服务的各种工棚、材料棚、办公室、食堂、茶炉房和汽车房等临时性房屋，在施工期间免征房产税等。

房地产行业的税务特点

房地产行业的会计处理工作与生产性企业的会计处理工作有很明显的不同，相应的，税务处理工作也会有明显的差异。再加上房地产行业在近几年内快速发展，所以纳税人、财会从业人员、与企业经营活动有关的人最好能掌握房地产行业的税务特点，尽量规避纳税风险。

出租不动产开具的发票与一般发票无异

营改增后，纳税人出租不动产开具发票时有一些特殊的要求。根据《根据国家税务总局关于全面推开营业税改征增值税试点有关税收征收管理事项的公告》（国家税务总局公告 2016 年第 23 号）规定：出租不动产，纳税人自行开具或由税务机关代开增值税发票时，应在备注栏注明不动产的详细地址。

另外，该公告还规定：个人出租住房适用优惠政策减按 1.5% 征收增值税，纳税人自行开具或税务机关代开增值税发票时，征收率减按 1.5% 征收增值税，通过新系统中开票功能录入含税销售额，系统自动计算税额和不含税金额，开具发票时不应与其他应税行为混开。

另外，《国家税务总局关于发布〈纳税人提供不动产经营租赁服务增值税征收管理暂行办法〉的公告》（国家税务总局公告 2016 年第 16 号）第三条规定，一般纳税人出租不动产，按照以下规定缴纳增值税。

◆ 一般纳税人出租其 2016 年 4 月 30 日前取得的不动产，可选择适用简易计税方法，按照 5% 的征收率计算应纳税额。

◆ 一般纳税人出租 2016 年 5 月 1 日后取得的不动产，适用一般计税方法计缴增值税，税率为 11%。

◆ 小规模纳税人不区分 2016 年 5 月 1 日之前或之后，均依照 5% 的征收率计缴增值税。

◆ 小规模纳税人中的企业和个体工商户出租不动产，不能自行开具增值税发票的，可向不动产所在地主管国税机关申请代开增值税发票；其他个人出租不动产，可向不动产所在地主管地税机关申请代开增值税发票。

问：简易征收的不动产租赁服务如何开具发票?

答：根据上述规定可知，不动产租赁服务在选择 5% 征收率的简易征收办法的情况下，一般纳税人对除了其他个人以外的企业或个体工商户出租不动产的，可自行开具增值税专用发票；而小规模纳税人和其他个人对外出租不动产的，不能自行开具增值税发票，可向不动产所在地主管地税机关申请代开。

所以，"出租不动产开具的发票与一般发票无异"的说法是不正确的，并且，这些特殊要求主要基于纳税人身份和计税办法的不同。

误区
No.091

适用一般计税方法的房地产企业以全部价款为准全额开具增值税专票

房地产企业的一般纳税人销售其开发的房地产项目适用一般计税方法的，以取得的全部价款和价外费用扣除受让土地时向各政府部门支付的土地价款后的余额为销售额计缴增值税。但是，根据《关于全面推开营业税改征增值税试点有关税收征收管理事项的公告》（国家税务总局公告 2016 年第 23 号）的规定：房地产企业可按照取得的全部价款和价外费用全额开具增值税专用发票。"适用一般计税方法的房地产企业以全部价款为准全额开具增值税专票"的说法是不正确的。

也就是说，采用一般计税方法的房地产企业适用差额征税的，可全额开具增值税专用发票。在房地产税务实务中，针对计税方法和发票种类，有下面的一些规定。

①房地产开发企业中的一般纳税人，销售其开发的房地产项目，选择一般计税方法的，以取得的全部价款和价外费用全额开具税率为11%的专用发票，申报时差额扣除。

②房地产开发企业中的一般纳税人，销售其开发的房地产项目，选择简易计税办法的，以取得的全部价款和价外费用全额开具税率为3%的专用发票，申报时差额扣除。

③房地产开发企业中的小规模纳税人，销售其开发的房地产项目，适用简易计税办法，以取得的全部价款和价外费用全额开具税率为3%的普通发票，申报时差额扣除。如果购买方要求房地产开发企业开具专用发票，则需要小规模纳税人向主管国税机关申请代开。需要注意的是，小规模纳税人向其他个人销售自行开发的房地产项目的，不得向主管国税机关申请代开专用发票。

需要纳税人注意的是，"房地产开发企业销售其自行开发的房地产项目"与"一般纳税人销售不动产（不含自建）"是两种不同的经济活动，其发票的开具有所不同。

①一般纳税人销售不动产（不含自建），适用一般计税方法的，以取得的全部价款和价外费用全额开具税率为11%的增值税专用发票或普通发票。这与"房地产开发企业销售其自行开发的房地产项目"选择一般计税方法开具增值税发票的处理相同。

②一般纳税人销售不动产（不含自建），适用简易计税方法的，以取得的全部价款和价外费用扣除受让土地时向各政府部门支付的土

地价款后的余额开具税率为 5% 的增值税专用发票或普通发票。

③小规模纳税人销售不动产（不含自建），适用简易计税方法的，以取得的全部价款和价外费用扣除受让土地时向各政府部门支付的土地价款后的余额开具税率为 5% 的增值税专用发票或普通发票。

任何有形动产境外租赁服务都免征增值税

《财政部、国家税务总局关于全面推开营业税改征增值税试点的通知》（财税〔2016〕36 号）附件 4《跨境应税行为适用增值税零税率和免税政策的规定》第二条规定：境内的企业和个人提供的标的物在境外使用的有形动产租赁服务，免征增值税，但财政部和国家税务总局规定适用增值税零税率的除外。

然而，境内企业或个人要享受上述税收优惠政策，必须满足一定的前提，即提供有形动产境外租赁服务的境内企业或个人必须与服务接受方签订跨境服务书面合同。否则，提供服务的所得不能免征增值税。

纳税人要明确的是，标的物在境外使用的有形动产租赁服务享受增值税免征优惠的，需要在相关税务机关进行备案。因此，"任何有形动产境外租赁服务都免征增值税"的说法是不正确的。

基本工作程序

境内企业或个人的标的物在境外使用的有形动产租赁服务可以享受增值税免征优惠的，要按如图 9-1 所示的步骤完成免税申请和免税备案工作。

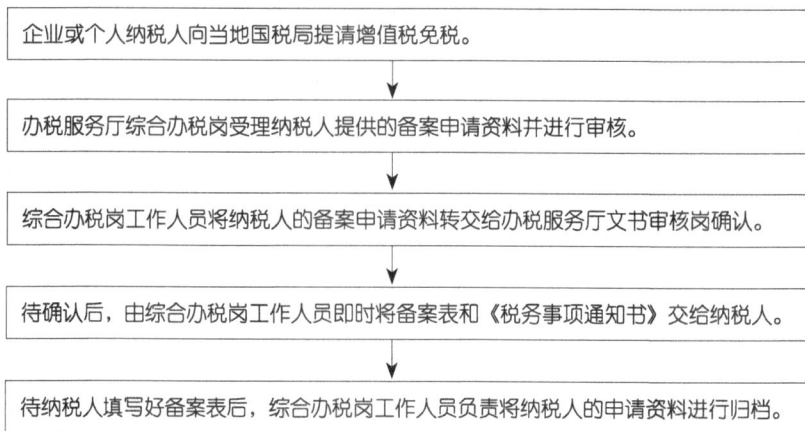

企业或个人纳税人向当地国税局提请增值税免税。

↓

办税服务厅综合办税岗受理纳税人提供的备案申请资料并进行审核。

↓

综合办税岗工作人员将纳税人的备案申请资料转交给办税服务厅文书审核岗确认。

↓

待确认后，由综合办税岗工作人员即时将备案表和《税务事项通知书》交给纳税人。

↓

待纳税人填写好备案表后，综合办税岗工作人员负责将纳税人的申请资料进行归档。

图 9-1

办税服务厅综合办税岗要受理的具体申请资料

从事标的物在境外使用的有形动产租赁服务的企业和个人，申请增值税免税备案时，应提交以下资料。

◆ 《××国家税务局增值税备案资料清单》一份，如图9-2所示。

××国家税务局增值税备案资料清单

纳税人识别号		名称		
受理文书类型	增值税免税备案事项			
具体经营免税项目	标的物在境外使用的有形动产租赁服务增值税免税备案			
序号	备案资料名称	份数	备注	
1	《跨境应税服务免税备案表》	3份	□必报，内容齐全	
2	与国外客户签订的资产租赁业务合同或协议的原件及复印件	1份	□必报，与原件相符	
3	被国外客户租赁的资产运送至国外的相关证明材料	1份	□必报，与原件相符	
4	租赁给国外客户的资产所开具的原始发票原件和复印件	1份	□必报，与原件相符	
5	服务接受方机构所在地在境外的证明材料原件和复印件	1份	□必报，与原件相符	
6	服务地点在境外的证明材料原件和复印件	1份	□必报，与原件相符	

备注：本表一式一份

纳税人经办人：　　　备案日期：　　　经办人电话：　　　固定电话：

业务办理情况查询电话：×××　　　服务承诺投诉电话：×××

图 9-2

◆ 《跨境应税服务免税备案表》3 份，如图 9-3 所示。

跨境应税服务免税备案表

纳税人名称（公章）		
纳税人识别号		
跨境服务名称		
接受服务单位名称		
接受服务单位机构所在地（国家/地区）	服务发生地	
合同名称及编号		
合同注明的跨境服务价款或计价标准		
合同约定付款日期		
本次提交的本案材料	1、《跨境应税服务免税备案表》	
	2、与国外客户签订的资产租赁业务合同或协议的原件及复印件	
	3、被国外客户租赁的资产运送至国外的相关证明材料	
	4、租赁给国外客户的资产所开具的原始发票原件和复印件	
	5、服务接受方机构所在地在境外的证明材料原件和复印件	
	6、服务地点在境外的证明材料原件和复印件	
纳税人声明	我承诺，此备案表所填内容及备案材料是真实、可靠、完整的。 法定代表人签章： 　　　　　　　　　　　年　月　日	
注：本表一式三份，纳税人一份存档；文书审核岗复核无误后转税源管理部门一份；办税服务厅留存一份。		
以下由税务机关填写		
受理人：　　　受理日期：	受理部门负责人：　　　日期：	

图 9-3

◆ 与国外客户签订的资产租赁业务的合同或协议原件及复印件。

◆ 向国外客户租赁资产时开具的原始发票原件和复印件。

◆ 被国外客户承租的资产运送至国外的相关证明材料。

◆ 服务接受方机构所在地在境外的证明材料原件和复印件。

◆ 服务地点在境外的证明材料原件和复印件。

在申请资料的审核环节，办税服务厅的相关人员会审核纳税人的申请资料的完整性和准确性，原件与复印件是否相符，印章、附报资料是否齐全以及资料是否有效且符合政策规定。

办税服务厅综合办税岗的工作人员将一份签字盖章完毕的《跨境应税服务免税备案表》转交给税源监控岗位的相关税源管理人员，其他资料由办税服务厅实施归档。税源监控管理人员应于收到《跨境应税服务免税备案表》30 日内对企业或个人进行纳税辅导，3 个月内对企业或个人进行实地监管。除此之外，增值税管理部门会每年组织一次税收优惠专项检查。

误区
No.093

亲戚之间继承的非住房再次转让按转让价缴纳个人所得税

根据《个人所得税法实施条例》（国务院令第 600 号）的规定，财产转移所得按照一次转让财产的收入额减去财产原值和合理费用后的余额，计算纳税。

因此，亲戚之间继承非住房的，接受方再次转让该房产时，如果能提供转让方取得的购房发票，则接受方可将发票上的金额作为购房原值，差额计算缴纳个人所得税。相关计算公式如下。

转让继承非住房应交个人所得税 =（出售非住房所得 - 非住房原值 - 转让过程中的税费）× 20%

所以，"亲戚之间继承的非住房再次转让按差额缴纳个人所得税"的说法是正确的，相应的，"亲戚之间继承的非住房再次转让按转让价缴纳个人所得税"的说法就不正确。

纳税人要注意的是，亲戚之间继承非住房与亲戚之间继承住房的情况是有区别的。继承人转让继承的住房时，从被继承人购买住房的日期算起，满 5 年且是继承人的家庭唯一住房的，卖出时免征个人所得税，否则要征收个人所得税。征收时有两种方式，一是核实征收，计算公式如下。

转让继承住房应交个人所得税 =（转让住房所得 - 住房原值 - 转让过程中的税费）× 20%

二是核定征收，计算公式如下。

转让继承住房应交个人所得税 = 房产原值 × 1%（非普通住房 1.5%）

其中，房产原值为转让住房时的住房评估价。因为现实操作中，通常不能提供相关资料，无法核定住房的原值，所以一般都采用核定征收方式缴纳个人所得税。

除此之外，纳税人还要明确亲戚之间住房继承和住房赠与的区别。亲戚之间住房赠与行为免征个人所得税；而非亲属之间的住房赠与行为要缴纳个人所得税，税率为 20%。

纳税人转让通过赠与获得的房产，在缴纳个人所得税时以财产转让收入减去受赠、转让房产过程中缴纳的税金及有关合理费用后的余额为应纳税所得额，按 20% 计缴个人所得税。

误区
No.094

房地产企业土地增值税的筹划误区

近几年来，房地产行业快速发展，与之相配套的法律法规也日趋完善。由于税收法规对房地产行业的调整力度加大，越来越多的房地产企业更重视纳税筹划。然而，很多房地产企业纳税人不能与时俱进，导致其走入纳税筹划误区，尤其是对土地增值税方面的政策，存在的误区比较多，给企业带来巨大的税收风险。所以，认识房地产企业的纳税筹划误区，尤其深刻认识土地增值税，能防止企业遭受不必要的经济损失。

误区一：开发商将部分房产转为自用或出租，依然需要缴纳土地增值税

在 2008 年之前，很多房地产开发企业将开发的部分房地产转为自用或用于商业地产，把对应房产的产权办理到自己名下，从而免交土地增值税。其政策依据是《关于房地产开发企业土地增值税清算管理有关问题的通知》（国税发〔2006〕187 号）的相关规定：房地产开发企业将开发的部分房地产转为企业自用或用于出租等商业用途时，若产权发生转移，则不征收土地增值税，在税款清算时不列收入，不扣除相应的成本和费用。

但自 2008 年 1 月 1 日起，国家税务总局发布了《关于企业处置资产所得税处理问题的通知》（国税函〔2008〕828 号）文件，规定自建商品房转为自用或经营用的，由于资产所有权属在形式和实质上均未发生变化，可作为内部处置资产，不视同销售确认收入，相关资产的计税基础延续计算。即房地产开发企业将开发的部分房地产转为企业自用或用于出租等商业用途时，不用缴纳企业所得税和土地增值税。

误区二：利用价款费用资本化进行加计扣除，从而减少土地增值额

根据《房地产开发经营企业所得税处理办法》（国税发〔2009〕31 号）的规定，企业为建造开发产品借入资金而发生的符合税收规定的借款费用，可按企业会计准则的规定进行归集和分配。同时，最新颁布的企业会计准则有规定：企业发生的借款费用，可直接归属于符合资本化条件的资产的购建或生产的，应予以资本化，计入相关资产成本。因此，很多房地产开发企业将符合资本化条件的借款费用计入开发成

本，这是符合规定的。

然而，在计算土地增值税时，大多数房地产企业把计入开发成本的借款费用作为加计扣除的基数，不仅加计扣除了开发成本，在计算房地产开发费用时也给予扣除，使房地产开发项目的土地增值额极大减小，导致土地增值税缴纳减少。这种做法存在较大的税收风险。

需要特别注意的是，根据《土地增值税清算管理规程》（国税发〔2009〕91 号）的规定，房地产开发企业在办理土地增值税清算时，计算扣除取得土地使用权所支付的金额、房地产开发成本、开发间接费用及与互赞让房地产有关税金等，都必须实际发生且提供合法有效凭证；不能提供合法有效凭证的，或预提开发间接费用的，不予扣除。

误区
No.095

以投资或联营方式规避土地增值税是合理的

过去，大多数房地产企业采用设立项目公司等方式经营，以房地产进行投资或联营来达到规避土地增值税的目的。其政策依据是《关于土地增值税一些具体问题规定的通知》（财税〔1995〕48 号）的相关规定：对于以房地产进行投资或联营的，投资或联营的一方以土地（房地产）作价入股进行投资或作为联营条件，将房地产转让到投资或联营的企业中时，暂免征收土地增值税。许多税务师事务所在为房地产企业做税收筹划时，常运用这一政策制订规避土地增值税的筹划方案。

然而，财政部和国家税务总局在 2006 年 3 月颁布了《关于土地增值税若干问题的通知》（财税〔2006〕21 号）文件，明确规定：对于以土地（房地产）作价入股进行投资或联营的，凡所投资或联营的企业从事房地产开发的，或房地产开发企业以其建造的商品房进行投资或联营的，均不适用财税〔1995〕48号文件中暂免征收土地增值税的规定。即房地产开发企业以房产进行投资或联营的也需要缴纳相应的土地增值税。

另外，《关于土地增值税若干问题的通知》只对财税〔1995〕48号文件的"以房地产进行投资或联营"的征免税问题进行了重新明确，但对于合作建房或企业兼并转让房地产的征免税问题并没有说明，所以这两种行为仍按照财税〔1995〕48号文件的规定执行。

某地一房地产公司开发一栋写字楼，打算将其出售给某商贸企业，双方约定售价为6亿元，已知该写字楼的开发总成本为3亿元。

房地产公司原来的纳税筹划方式是向购买方投资，即将开发完成的写字楼以实物资产的形式投资给商贸企业，取得商贸企业的股权后，再将所持有的股权按照双方确定的售价转让给商贸企业的股东，同时收回资金。

该纳税筹划方案在2006年3月之前，涉及的写字楼投资行为可暂免征收土地增值税，但财政部和国家税务总局颁布了《关于土地增值税若干问题的通知》后，方案中涉及的写字楼投资行为仍然需要缴纳土地增值税。如果房地产企业纳税人还以为在2006年3月后进行这样的房产投资获取股权的活动可以免征土地增值税，那就大错特错了，这一筹划误区要引起房地产企业的重视，从而防范税收风险。

所以，如果该房地产企业还想通过纳税筹划来达到减少土地增值税的目的，则可以将原来的纳税筹划方案进行修改。比如，由商贸企业出资6亿元，房地产企业出土地及余下的资金，双方合作建房。建成后按双方事先约定的比例分配房产。商贸企业分得的房产作为自用，免征土地增值税；房地产企业若将分得的房产用于销售，则就出售部分房产缴纳土地增值税。如果商贸企业购买的是整个项目的房产，还可采用转让项目公司股权的方式或代建方式进行纳税筹划。

误区
No.096

将房产转为自用或出租要按照企业所得税政策作视同销售处理

《关于房地产开发企业土地增值税清算管理有关问题的通知》（国税发〔2006〕187 号）规定，房地产开发企业将开发产品转作固定资产（自用）或用于捐赠、赞助、职工福利、奖励、对外投资或抵偿债务等，应视同销售，在开发产品所有权或使用权转移，或实际取得利益时确认收入的实现。所以，房地产开发企业在税款清算时应视同销售处理，需要计缴企业所得税和土地增值税。

但是，根据 2008 年 1 月国家税务总局发布的《关于企业处置资产所得税处理问题的通知》（国税函〔2008〕828 号）可知，自建商品房转为自用或经营用的，由于资产所有权属在形式和实质上都没有发生变化，所以不能视同销售，也就不能确认收入，进而不用缴纳企业所得税和土地增值税。因此正确的做法是：将转为自用或经营用的房产作为内部处置资产。

M 公司是一家房地产开发公司，2017 年将部分尚未售出的商品房转作固定资产，并办理了房产证。该公司将这些商品房用于出租，取得租金收入，同时，该公司对这部分商品房按 20 年期限计提折旧，仅就租金收入计算缴纳了企业所得税。

税务机关查账后认为，该公司对转作固定资产的商品房不能视同销售处理，不需要计算缴纳土地增值税和企业所得税。将转作固定资产的商品房又用于出租并取得租金收入，需要计算缴纳企业所得税。因为该行为相当于是将自己的固定资产用于出租收取租金，收入计入"营业外收入"科目中，构成企业的营业收入，所以需要缴纳企业所得税。

由上述案例可知，房地产开发企业将自己开发的部分商品房转为固定资产的，属于转为自用，不视同销售，不缴纳企业所得税和土地增值税；而转为固定资产后再出租的行为与不转为固定资产而直接出租的行为是不同的，政策规定转为经营用是指直接将开发的商品房用于经营，这种情形下才不视同销售，而先转为自用固定资产再出租的，应视同销售，缴纳企业所得税，此时不涉及土地增值税。

误区
No.097

借款费用资本化可加计扣除

简单来说，借款费用资本化是指借款费用发生时将其计入相应资产的成本中，以后随着资产折旧而逐渐转成损益。

而加计扣除是税法规定的计算方法，即在实际发生数额的基础上，再加计一定比例，作为计算应纳税所得额时的扣除数额的一种税收优惠措施。比如，税法规定研发费用可实行150%加计扣除政策，则如果企业当年开发新产品研发费用实际支出为100元，就可按150元（100×150%）数额在税前进行扣除。

"借款费用资本化可加计扣除"的意思是，房地产开发企业在开发阶段发生的借款费用，可直接归属于符合资本化条件的资产的购建或生产，予以资本化，计入相关资产成本，这样在核算企业所得税时，此借款费用就可作为资产成本进行税前扣除，同时再作为房地产开发费用进行加计扣除。但这是不正确的，事实上，借款费用资本化加计扣除是有限制的，做了资本化扣除后就不能再作为开发费用加计扣除，这就是所谓的"限制"。

N 房地产公司在 2015 年 12 月开工建设一批商品房，该项目贷款 4.5 亿元，到 2017 年 8 月末，共发生借款费用 4500 万元。而 2017 年的 8 个月时间内共取得销售收入 12 亿元，取得土地使用权支付了 5700 万元。该公司会计核算执行《企业会计准则》，按照有关规定将借款费用计入了开发间接费用。除去借款费用外，该公司的开发成本为 7.5 亿元，税金及附加税费共计 6600 万元，全年管理费用和销售费用共 5250 万元。该公司在清算土地增值税时，计算过程如下。

项目开发成本 = 5700+75000+4500 = 85200（万元）

土地增值额 = 120000−85200−4500×5%−6600−85200×20%

= 34800−225−6600−17040 = 10935（万元）

增值额为 10935 万元，扣除项目的金额为 109065（85200+225+6600+17040）万元，扣除项目金额的 50% 为 54532.5 万元，也就是说，增值额没有超过扣除项目金额的 50%，所以适用税率为 30%，速算扣除数为 0。

应交土地增值税税额 = 10935×30% = 3280.5（万元）

而实际上，该公司在计算土地增值额时没有注意"借款费用资本化加计扣除有限制"的问题，正确的计算应如下。

土地增值额 = 120000−85200−6600−85200×20% = 11160（万元）

增值额为 11160 万元，扣除项目的金额为 108840（85200+6600+17040）万元，扣除项目金额的 50% 为 54420 万元，所以适用税率也为

30%，速算扣除率为 0。

应交土地增值税税额 = 11160 × 30% = 3348（万元）

所以，该房地产公司需要补缴土地增值税税款 67.5（3348-3280.5）万元，同时还要另外补缴税款滞纳金。

通过对上述案例可分析得知，"利用借款费用资本化加计扣除有限制"的说法是指，借款费用资本化后，只能作为资产成本进行加计扣除，不能再作为开发间接费用进行加计扣除。

误区
No.098

房地产开发企业代收费用要缴企业所得税

国家税务总局《关于印发〈房地产开发经营业务企业所得税处理办法〉的通知》（国税发〔2009〕31 号）规定：开发产品销售收入的范围为销售开发产品过程中取得的全部价款，包括现金等价物以及其他经济利益。房地产企业代有关部门和单位收取的各种基金、费用和附加费等，凡是纳入开发产品价内或由企业开具发票的，可作为代收代缴款项进行管理。

该政策还规定：企业将已计入销售收入的共用部位或共用设施设备的维修基金按规定移交给有关部门或单位的，应在移交时扣除。企业对纳入开发产品价内的自己收取的代收费用，在转付给委托单位时也可从收入中扣除。

也就是说，房地产开发企业的代收代缴款项是不确认为销售收入的，而确认为销售收入的"代收款项"是开发产品价内或由开发企业开具发票的，它并不是代收款，所以不做销售处理。由此可知，房地产开发企业代收的各项费用是否需要缴纳企业所得税，主要取决于代收费用是以谁的名义收取。

如果不是由房地产开发企业开票收取的，则不缴纳企业所得税；如果由房地产开发企业开票收取的，则需要缴纳企业所得税。但在计算企业所得税时，对纳入开发产品价内的自己收取的代收费用，在转付给委托单位时要将其从收入中扣除。所以，"房地产开发企业代收费用要缴企业所得税"的说法并不准确。最准确的表述应为"房地产开发企业以自己的名义代收的费用或以自己的名义对代收费用开具发票的，要缴企业所得税"。

某房地产开发公司 2017 年上半年取得售房收入 1500 万元，该区人民政府要求该公司代收政府基金 75 万元，代收住房专项维修基金 75 万元，代收取暖费 150 万元。

①如果代收款项都是"未纳入开发产品价内并由开发企业之外的其他收取部门或单位开具发票"，则该房地产公司的企业所得税的应纳税所得额应为 1500 万元，而不是 1800 万元，此时的代收费用不需要缴纳企业所得税。

②如果代收款项都是"已纳入开发产品价内的代收费用"，则房地产企业在将这部分代收费用转付给政府后，确认企业所得税的应纳税所得额为 1200（1500−75−75−150）万元，而不是 1500 万元。这种情形下的代收费用不用缴纳企业所得税，因为公司实质上没有得到该部分"收入"。

③如果代收款项都是房地产企业开票收取的，且都未纳入开发产品价内，则认定为是以房地产企业自身的名义收取，在计算企业所得税时应将这些代收费用计入应纳税所得额中，即为 1800 万元。

房地产开发企业在判定自身代收的费用是否需要缴纳企业所得税时，要分清楚代收费用的性质和代收费用的名义问题。另外，与房地产企业代收费用相关的纳税注意事项还有土地增值税问题。国家税务总局《关于印发〈土地增值税清算鉴证业务准则〉的通知》规定，对纳税人按县级以上人民政府的规定在售房时代收的各项费用，应区分不同情形分别处理。

◆ 代收费用计入房价向购买方一并收取的，应将代收费用作为转让房地产所取得的收入进行税款计算。实际支付的代收费用，在计算扣除项目金额时，可予以扣除，但不允许作为加计扣除的基数。

◆ 代收费用在房价之外单独收取且未计入房地产价格的，不作为转让房地产的收入，在计算增值额时不允许扣除代收费用。

也就是说，如果房地产企业不是按照县级以上人民政府的规定要求而代收的费用，则代收费用也要作为开发产品的销售收入征收土地增值税。房地产开发企业只有及时将代收费用按规定转付给委托单位，才可从土地增值税的应纳税收入额中扣除。

误区
No.099

房地产企业预缴税款计入"已交税费"

房地产行业通常采取预收款方式销售自行开发的房地产项目，国家税务总局在 2016 年 18 号公告中明确了房地产业应在收到预收款时按照 3% 的预征率预缴增值税，并在取得预收款的次月纳税申报期内向主管税务机关预缴税款。而在实务中，很多房地产企业对预缴税款业务进行的会计处理是有问题的，下面通过一个具体的实例来分析房地产企业进行预缴税款会计处理的误区。

某房地产开发企业 2016 年 11 月共有 A 和 B 两个开发项目，其中 A 项目备案为老项目，且已经完工，同时选择简易计税；B 项目为新项目，尚未开发完毕，选用一般计税方法。

假设 A 项目 11 月现房销售取得房款 945 万元（含税），B 项目预收房款 6660 万元（含税）。对于 A 项目，现房销售的增值税纳税义务已经发生，需要在账面上反映出应交的增值税。

应交增值税 = 945 ÷（1+5%）× 5% = 45（万元）

主营业务收入 = 945−45 = 900（万元）

借：银行存款   945

　　贷：主营业务收入   900

　　　　应交税费——未交增值税   45

而 12 月时，对于 B 项目预收的房款，需要在次月纳税申报期内向主管国税机关预缴税款。很多企业目前的做法是将预缴的税款用"已交税费"科目核算。同时缴纳 A 项目 11 月未交增值税。

预缴税款 = 6660 ÷（1+11%）× 3% = 180（万元）

借：应交税费——应交增值税（已交税费）   180

　　贷：银行存款   180

借：应交税费——未交增值税   45

　　贷：银行存款   45

根据国家税务总局 2016 年 18 号公告规定的房地产开发企业纳税义务发生时间可知，上述案例中的房地产公司应以适用税率计算当期应纳税额，抵减已预缴税款后，向主管国税机关申报纳税。未抵减完的预缴税款可结转下期继续抵减。然而，案例中的账务处理没有在账上体现"抵减"事项，导致其实际缴税金额不正确。

所以，房地产企业将预缴税款计入"已交税费"会导致第一个错误：无法抵减上期增值税应纳税额。一个解决办法是再做一笔下面的会计分录，部分解决无法抵减上期增值税应纳税额的问题。

借：应交税费——未交增值税　　　　　　　　45

　　贷：应交税费——应交增值税（已交税费）　45

但是，这样的处理仍然存在问题。比如，案例中的房地产公司12月A项目未发生销售，而该公司支付B项目工程款333万元，取得增值税专用发票。假设12月未发生其他业务，则案例中的房地产开发企业12月的会计处理应按照如下会计分录进行。

应交增值税进项 = 333÷（1+11%）×11% = 33（万元）

开发成本 = 333−33 = 300（万元）

借：开发成本　　　　　　　　　　　　　　300

　　应交税费——应交增值税（进项）　　　　33

　　贷：银行存款　　　　　　　　　　　　　333

经过这样的会计处理后，"应交税费——应交增值税"科目的借方余额为168（180−45+33）万元，其中，"应交税费——应交增值税（已交税费）"科目借方余额为135（180−45）万元，进项税额科目的余额为33万元。根据增值税会计处理的规定，此时该房地产开发公司不需要再做会计分录，"应交税费——应交增值税"科目借方余额作为留抵税额放在账上，到下一期时再进行抵扣。

而此时留抵税额中包含了135万元的"已交税费"，这135万元并不是留抵税额，因而将预缴税款放在"已交税费"科目中的话，就混淆了留抵税额的构成。

所以，房地产企业将预缴税款计入"已交税费"会导致第二个错误：混淆留抵税额的构成。

除此之外，如果房地产开发企业的经营业务在涉及跨期的情况下，上述关于预缴税款计入"已交税费"的会计处理还可能产生第三个错误：混淆预缴税额和多缴税额。

比如，案例中的房地产开发公司 2017 年 1 月 A 项目仍然没有销售收入，B 项目支付工程款 499.5 万元，取得增值税专用发票。同时，该月 B 项目取得预收款 1665 万元，并开具了增值税专用发票。在不考虑可以扣除的土地成本时，公司 2017 年 1 月的会计处理如下。

应交增值税进项 = 499.5 ÷（1+11%）× 11% = 49.5（万元）

开发成本 = 499.5−49.5 = 450（万元）

增值税销项 = 1665 ÷（1+11%）× 11% = 165（万元）

借：开发成本　　　　　　　　　　　　　　450

　　应交税费——应交增值税（进项）　　　49.5

　　贷：银行存款　　　　　　　　　　　　499.5

借：银行存款　　　　　　　　　　　　　　1665

　　贷：预收账款　　　　　　　　　　　　1500

　　　　应交税费——应交增值税（销项）　165

经过上述会计处理后，该房地产开发公司 2017 年 1 月计算所得的应纳税额为 82.5（165−49.5−33）万元，可抵减预缴税款 82.5 万元。抵减后，预缴税款还剩 52.5（135−82.5）万元。这时，公司需要将多交的增值税转出，会计处理如下。

借：应交税费——未交增值税　　　　　　　　　　　52.5

　　贷：应交税费——应交增值税（转出多交增值税）　52.5

这样一来，该房地产开发企业账面上就不存在"已交税费"了，转出的 52.5 万元作为多缴税额填入纳税申报表的"转出多交增值税"栏中。然而，这 52.5 万元实际上是预缴税额，它可以在以后抵减应纳税额。所以，将预缴税款计入"已交税费"会混淆预缴税额和多缴税额。

正确的做法是：房地产开发企业将预缴税款计入"应交税费——预缴增值税"科目，该科目与"应交税费——应交增值税（预缴税款）"不同，"预缴增值税"是应交税费科目下的二级科目，"预缴税款"是应交增值税的三级科目。设置"应交税费——预缴增值税"科目后，相当于有了一个与"应交税费——应交增值税"科目并列的科目，专门用来核算房地产开发企业预缴税款和抵减税款的业务。此时，案例中的房地产公司的会计处理应按照如下会计分录进行。

11 月，	借：银行存款	945
	贷：主营业务收入	900
	应交税费——未交增值税	45
12 月，	借：应交税费——预缴增值税	180
	贷：银行存款	180
	借：应交税费——未交增值税	45
	贷：应交税费——预缴增值税	45
	借：开发成本	300
	应交税费——应交增值税（进项）	33
	贷：银行存款	333
1 月，	借：开发成本	450
	应交税费——应交增值税（进项）	49.5
	贷：银行存款	499.5
	借：银行存款	1665
	贷：预收账款	1500

应交税费——应交增值税（销项）   165

借：应交税费——应交增值税（转出未交增值税）82.5

    贷：应交税费——未交增值税   82.5

2 月，借：应交税费——预缴增值税   45

    贷：银行存款   45

此时，该房地产开发公司账面上的预缴税款金额为 180（135+45）万元，2 月可抵减应纳税款金额为 82.5 万元。所以 2 月还需编制如下会计分录。

借：应交税费——未交增值税   82.5

    贷：应交税费——预缴增值税   82.5

这样一来，公司 2017 年 2 月初的"应交税费——预缴增值税"科目的余额为 97.5（180-82.5）万元。

误区
No.100

合作建房计算土地增值税与单独建房无异

合作建房是指一方提供土地使用权，另一方或多方提供资金，从而合作开发房地产的房地产开发形式。纳税人在对合作建房项目进行土地增值税计算时，其特点是涉及扣除项目，这就与单独建房有所不同。

合作建房的各方按规定分别进行土地增值税清算，其中，扣除项目金额按清算时的单位建筑面积成本费用乘以销售或转让面积计算，其相关的计算公式如下。

单位建筑面积成本费用 = 清算时的扣除项目总金额 ÷ 清算时的总建筑面积

比如，某地粮食局和房地产开发商合作建房，建成后按比例分房，已知计划总建筑面积为 10000 平方米，房地产开发企业分得面积 8000 平方米，而粮食局则分得 2000 平方米，总开发成本为 4000 万元。则根据上述公式可计算出单位建筑面积成本为 0.4（4000÷10000）万元。所以，房地产开发企业分摊的开发成本为 3200（0.4×8000）万元，粮食局分摊的开发成本为 800（0.4×2000）万元。这种情形下，"清算时的扣除项目总金额"即为房地产的开发总成本。

根据《中华人民共和国土地增值税暂行条例》（国务院令第 138 号）第六条规定，计算增值额的扣除项目包括如下一些。

◆ 取得土地使用权所支付的金额。

◆ 开发土地的成本和费用。

◆ 新建房及配套设施的成本和费用，或旧房及建筑物的评估价格。

◆ 与转让房地产有关的税金。

◆ 财政部规定的扣除项目等。

房地产开发企业取得土地使用权时支付的契税，应视同"按国家统一规定缴纳的有关费用"计入"取得土地使用权所支付的金额"中扣除。所以，上述案例中的粮食局为取得土地使用权所支付的契税和按国家统一规定缴纳的有关费用可作为计算增值额的扣除项目。

《财政部、国家税务总局关于土地增值税一些具体问题规定的通知》（财税字〔1995〕48 号）对合作建房的免征税问题进行了明确：对于一方出地，一方出资金，双方合作建房，建成后按比例分房自用的，暂免征收土地增值税；建成后转让的，应征收土地增值税。

丙房地产开发公司与丁经济开发公司签订合作建房协议，共同开发某房地产项目，丙公司负责投入资金和全部开发活动，丁公司将其所有的土地使用权投入该项目，建成后丁公司分得 30% 的房产（含住宅和商铺），丙公司分得余下房产。后经过协商，丁公司将分得的房产住宅部分以 3000 元 / 平方米的价格出售给丙公司，共获得价款 1800 万元，并开具转让土地使用权的发票给丙公司，剩余 4000 平方米的商铺自用。

如果丁公司只取得房产自用，则根据相关规定，丁公司获得房产自用时暂免征收土地增值税，以后将分得的房产进行转让时，先按转让土地使用权计算合作建房需缴纳的土地增值税，以分得房产当时的公允价值作为转让土地使用权的收入，再对转让的房产按转让旧房及建筑物征收土地增值税。其中，公允价值可按公司在同一地区、同一年度销售的同类房地产的平均价格确定，也可由主管税务机关参照当地当年同类房地产的市场价格或评估价值确定。实际上，丁公司获得 1800 万元的现金和 4000 平方米的商铺，获得的现金需要缴纳土地增值税，而商铺不用缴纳。

假设丁公司获得的房产公允价值为 3000 万元，土地使用权成本为 2400 万元，在不考虑其他税费的情况下，允许扣除的土地使用权成本为：2400÷（3000+1800）×1800 = 900（万元），增值额为：1800-900 = 900（万元），增值额为扣除项目金额的 100%，对应税率为 40%，速算扣除率为 5%，所以，应纳土地增值税税额为：900×40%-900×5% = 315（万元）。

对于丙公司来说，相当于用其建好的房产换取土地使用权，所以应将分给丁公司的房产公允价值计入开发成本，作为取得土地使用权的成本计入扣除项目；并将丁公司转让的该部分房产公允价值计入销售收入，计算缴纳土地增值税，增值额为：3000-1800 = 1200（万元），超过抵扣项目金额 1800 万元的 50%，所以，应纳土地增值税税额为：1200×40%-1200×5% = 420（万元）。

如果案例中的丁公司将土地使用权作价投入丙公司，换取丙公司一定股份，再由丙公司开发该房地产项目，则根据财政部、国家税务总局财税〔2006〕21 号文件的规定，自 2006 年 3 月 2 日起，对于以土地（房地产）作价投资入股进行投资或联营的，需要按规定缴纳土地增值税。此时应将丁公司获取的丙公司股份的协议价或评估价作为转让收入，计算其丁公司应缴纳的土地增值税税额。而丙公司应将丁公司投入的土地协议价或评估价作为取得土地使用权的成本，在清算土地增值税时予以扣除。

通过上述案例可知，对于合作建房行为，界定为非货币资产交换还是投资行为，是进行土地增值税清算处理的前提。若为非货币资产交换，则出地方按转让土地使用权给出资方进行处理；若为投资行为，则应将出资方支付的股权价值和货币资金之和在开发成本中扣除，出资方支付给出地方的现金视为投资对价差异，一般为土地使用权的公允价值大于双方确定的股权价值的差额。

合作建房的行为界定基础要看合作建房协议，若出地方承担项目开发的风险并享有开发利润，应视为投资行为；若出地方只是获得固定面积的房产，不承担风险和收益，则应视为非货币资产交换。

由上述分析可看出，对于合作建房进行商品房开发的行为来说，土地增值税清算涉及出地和出资双方，计算复杂，容易造成税企争议。另外，如果出地方再转让其分得的房产，更容易忽视转让土地使用权的清算，面临税收风险。需要注意的是，合作建房的企业纳税人不要妄想通过合作建房来逃避或延迟土地增值税纳税义务。另外，房地产开发商和其他单位合作建房时，如果符合土地增值税免征的条件，则需要合作建房的双方到房地产项目所在地主管税务机关办理备案手续。办理备案手续时需要向税务机关提供如下资料。

◆ 《纳税人减免税申请核准表》原件两份。

◆ 房地产权属证明原件（核对后退还）和复印件各一份。

◆ 合作建房合同或协议的原件（核对后退还）及复印件各一份。

误区
No.101

房企代垫首付，按购房者实际支付金额计算缴税

自国家调控政策相继出台后，房地产企业为了加快销售并促进资金回笼，都在加大促销力度。需要纳税人注意的是，企业在采用不同方式促销的同时不能忽视其中的税务问题，避免走入纳税误区。在众多促销手段中，有一种名为"代垫首付"的手段，主要针对二套房按揭贷款必须首付 50% 以上的政策而实施，可减轻购房者的首付压力。

某房地产开发企业推出了代业主垫付两成首付款的补贴办法，一市民购买一套价值为 120 万元的房产，是其名下的第二套房，该市民按照规定要首付 60 万元，但其不能立即拿出这么多钱。于是该房地产企业仅向该市民收取了三成首付款，即 36 万元，帮助市民成功贷款购房。双方约定，房地产企业垫付的首付款在一年后交房时由市民归还并按银行同期贷款利率计算利息。

企业财务人员认为，既然没有实际收到业主的全部首付款，则企业垫付的房屋首付款不是实际预收的收入，而要待业主实际还款时再入账，每个纳税期间申报缴纳各项税费时不考虑企业自行垫付部分的收入。即对于首付款 60 万元，企业财务仅以 36 万元入账，纳税申报销售额为 36 万元，其余 24 万元待实际收取时再入账并进行纳税处理。

根据相关税收政策的规定，销售不动产收取的预收款要缴纳增值税、企业所得税和印花税，同时预征土地增值税。纳税人销售不动产采取预收款方式的，其纳税义务发生时间为收到预收款的当天。而房

企代垫的首付款需要与业主缴纳的首付款一起开具收款收据，会计处理上相当于企业取得了房贷按揭合同约定的全部首付款预售收入，应全额计入销售收入，计算缴纳增值税和其他税费。所以，"房企代垫首付，按购房者实际支付金额计算缴税"的说法是不正确的，其意思是，即使房企帮业主代垫了一些首付款，房企在计算应缴纳的增值税时，还是应该是首付款的全额计算缴税，而不是除去房企代垫的首付款后的金额计缴增值税和企业所得税。

需要房地产企业注意的是，帮客户代垫首付款的前提是与客户签订《资金垫付协议》，客户必须在房地产企业规定时限内（一般在交房前）将代垫的首付款补齐，房地产企业再向客户正式交房。此垫付协议也属于企业经营的业务，会计处理上要计入"其他应收款"科目核算，将来实际收款时直接冲减其他应收款。但这不影响税务处理上将其纳入应税收入的具体实施工作。

误区
No.102
房产企业向业主收取的违约金都会涉税

目前市场中有很多房地产开发企业在项目还未建成之前就对外预售房产，而在预售时房企会与业主签订预售合同，约束业主的行为并督促房企按期交房。但实际房产买卖过程中难免会遇到这样的情况：在业主和房企签订了预售合同但尚未交房前，业主要求退房，房企要求业主赔偿一部分损失（违约金）才能解除预售合同。

那么，针对上述情况，很多房地产开发企业就会犹豫，收到的违约金是否需要缴纳增值税。

《财政部、国家税务总局关于全面推开营业税改征增值税试点的通知》（财税〔2016〕36 号）附件 1 规定：销售额指纳税人发生应税行为取得的全部价款和价外费用，财政部和国家税务总局另有规定的除外。再参考《海南国税明确房地产业营改增实务中的 17 个问题》的规定可知，售房过程中，若最后交易成交，则定金和违约金需要计入销售额计缴增值税；如果交易没有成交，则定金和违约金不需要缴纳增值税。

因此，业主要求解除预售合同而支付给房企的违约金，因销售合同没有实际履行，所以房企收取的违约金不属于发生增值税应税行为，取得的价款和价外费用应作为营业外收入，无须缴纳增值税。其他违约金若在交易成交后发生，则计入营业收入计缴增值税，同时还要缴纳土地增值税。

在房产交易过程中，不仅房地产企业可能收取业主的违约金，业主也可能收到房企支付的违约金。根据《国家税务总局关于个人取得解除商品房买卖合同违约金征收个人所得税问题的批复》（国税函〔2006〕865 号）的规定，商品房买卖过程中因房地产公司未协调好与按揭银行的合作关系而造成购房者不能按合同约定办妥按揭贷款手续，从而无法缴纳后续房屋价款致使房屋买卖合同难以继续履行的，房地产公司应向购房者支付违约金。而个人收到违约金应确认为收入缴纳个人所得税，税款由支付违约金的房地产公司代扣代缴。

误区
No.103
售出精装房送家电或家具可视为混合销售

房地产开发企业在销售房产时，除了有"代垫首付"的手段外，还有一些其他促销手段，比如"卖精装房送家电或家具"。根据国家税务总局国税函〔2008〕875号文件的相关规定可知，企业以买一赠一（有偿）等方式组合销售本企业商品的，不属于捐赠，应将总的销售金额按各项商品的公允价值的比例来分摊确认各项的销售收入。

比如，房企在卖房子时与购房者签订销售合同，价款为100万元，售房合同中说明交房时送家电和家具，购进价格为5万元，即其公允价值为5万元，而房屋的公允价值推定为90万元，成本为50万元。财务人员计算的应缴纳增值税销项为：（100+5）×5% = 5.25（万元），也就是说，房企的财务人员将"卖房子赠送家电、家具"的行为理解成了混合销售，而实际上，这种促销行为属于在销售不动产的同时销售货物的行为，所以不能适用混合销售行为的纳税处理，而应作为兼营应税行为分别核算应税行为应缴纳的税额，即总的增值税销项税额为：100×5%+5×17% = 5.85（万元）。

另外，根据《住房城乡建设部、财政部关于印发〈建筑安装工程费用项目组成〉的通知》（建标〔2003〕206号）的规定可知，建筑安装工程费由直接费、间接费、利润和税金组成，其中，直接工程费包括人工费、材料费、施工机械使用费，而材料费是指施工过程中耗费的构成工程实体的原材料、辅助材料、构配件、零件和半成品的费用。由此可见，卖房子赠送的家电和家具不构成工程实体，不符合土地增值税扣除项目的内容，所以房地产开发企业不能将其作为开发成本项目进行扣除。

所以，很多房地产开发公司为了扩大开发成本的土地增值税加计扣除的基数，往往委托装饰公司装修房子同时购买家具和家电，然后购买家电和家具的价款由装饰公司开具建筑装饰业发票，作为房地产开发公司装饰成本计入开发成本中，便于公司在土地增值税计算中作为加计扣除基数，达到减少缴税的目的，这显然存在纳税风险。

你不熟悉的其他特殊行业的税务

在目前的经济市场中，生产性企业和商贸企业都占有很大的比例。这些企业不乏具有个性化的企业，他们的业务也具有特殊性。导致其会计处理和税务处理的特殊性，即与大多数企业的账务处理不同。为了避免走入纳税误区，这些企业的纳税人要认真学习相应的税务处理工作。

建筑企业中简易计税与一般计税不能并存

无论是建筑企业还是其他企业，简易计税和一般计税有并存的可能，只要并存时注意区分具体的进项税额即可。而在实际区分工作中，有的进项税额可以区分，有的区分不了。

一方面，能够区分进项税额的购进货物或服务，应根据项目具体区分，该用简易计税方法核算的就用此方法核算，该用一般计税方法核算的就用这一方法核算。一般计税项目涉及的增值税进项税额可全额抵扣；而简易计税项目涉及的增值税进项税额不得抵扣。

另一方面，购进货物或服务的进项税额计税办法无法区分的，适用财政部、国家税务总局《营业税改征增值税试点实施办法》第二十九条的规定进行处理，即"不得抵扣的进项税额 = 当期无法划分的全部进项税额 ×（当期简易计税方法计税项目销售额 + 免征增值税项目销售额）÷ 当期全部销售额"。

需要纳税人注意的是，购入固定资产、无形资产（不包括其他权益性无形资产）和不动产的进项税额，如果既用于一般计税方法的项目又用于简易计税方法的项目，则不需要划分，全部准予扣除。由此可知，"建筑企业中简易计税与一般计税不能并存"的说法是不正确的。

相关政策规定，一般纳税人是会计核算健全且通过一般纳税人资格认定登记的企业或单位，也就意味着一般纳税人的收入和成本费用等发票是齐全的。但是，建筑业的行业特点决定了企业将会有大量采购来自于既不是小规模纳税人又不是一般纳税人的无票供应商，因而导致建筑业的会计处理和税务处理有很多特殊性。

问：建筑业采购物资的开支发票能否由施工企业自行向国税机关申请开具机打普通发票，用于所得税税前列支？

答：建筑企业的供应商如果是无法提供发票的自然人，则可要求供应商到国税部门申请代开发票，然后用于成本列支。而施工企业作为材料的购买方，不能申请代开增值税发票。在申请代开发票时，需要携带个人身份证和发生相关业务的证明。

问：施工企业作为一般纳税人，采购小规模纳税人按简易计税办法出售的材料，则该材料价款能否作为施工企业的进项税额进行抵扣呢？

答：小规模纳税人不能自行开具增值税专用发票，但可以到国税部门申请代开 3% 税率的增值税专用发票。施工企业取得代开的专用发票后用于一般计税的应税项目的，允许抵扣进项税额。

问：建筑用和生产建筑材料用的砂、土、石料、砖、瓦及商品混凝土，是必须采用简易计税办法还是可选择一般计税或简易计税？

答：可以自由选择是按简易计税还是按一般计税方法计算，但在选择简易计税办法时，需要办理备案手续。

问：一般纳税人为甲供工程（指全部或部分设备、材料和动力等由工程发包方自行采购并提供给建筑施工企业用于建筑或安装等的建筑工程）提供的建筑服务，可选择适用简易计税方法计税，但这是否要在甲方必须接受简易计税方法的前提下进行呢？

答：一般纳税人申请适用简易计税方法属于法定可选择的范围，至于甲方是否接受，应由购销双方自行约定。

误区
No.105

"甲供材料"计入建筑服务的销售额

根据财政部、国家税务总局财税〔2016〕36号文件附件1《营业税改征增值税试点实施办法》的第三十七条规定可知，建筑服务的销售额是指纳税人发生应税行为而取得的全部价款和价外费用，但财政部和国家税务总局另有规定的除外。而试点纳税人提供建筑劳务服务适用简易计税方法的，以取得的全部价款和价外费用扣除支付分包款后的余额为销售额。"甲供材料"不属于提供建筑服务的纳税人发生应税行为而取得的全部价款和价外费用，所以不能计入建筑服务的销售额。

营改增后，建筑企业针对"甲供材料"工程，可选择增值税一般计税方法，也可选择简易计税方法，这两种方法的选择会涉及建筑施工企业的税负高低。而实务中，为了节省税负，施工企业必须在与发包方签订"甲供材料"合同的同时，考虑甲方自购建筑材料在整个工程中所耗建筑材料的比重，进而选择计税方法，否则会增加甲方和建筑施工方的增值税负担。

选择计税方法时，要看增值税计税方式选择的临界点。在"甲供材料"模式下，建筑企业选择按一般计税方法或简易计税方法的临界点参考值为"建筑企业采购材料物资价税合计 = 48.18× 甲供材合同中约定的工程价税合计"，具体选择导向如下。

◆ 建筑企业采购材料物资价税合计 > 48.18× 甲供材合同中约定的工程价税合计，选择一般计税方法比较有利。

◆ 建筑企业采购材料物资价税合计 < 48.18× 甲供材合同中约定

的工程价税合计，选择简易计税方法有利。

也就是说，建筑企业采购材料物资占整个工程造价的多少，或者"甲供材料"占整个工程造价的多少，是选择计税方法的关键。

广州某企业委托一家建筑公司承建一个生态旅游景区的项目，工程总承包合同造价为 2000 万元，材料部分 1200 万元，其中"甲供材料"有 400 万元，其余部分 800 万元。建筑公司将 200 万元的游泳池建造工作分包给了另一家建筑公司 N 公司。假设购买材料均取得 17% 税率的增值税专用发票。

1. 一般计税方式下的应交增值税。

应交增值税 =（2000-400）×11%÷（1+11%）-[（1200-400）×17%÷（1+11%）+200×11%÷（1+11%）]≈ 158.56-[122.52+19.82] = 16.22（元）

2. 简易计税方式下的应交增值税。

应交增值税 =（2000-400-200）×3%÷（1+3%）≈ 40.78（万元）

所以，该建筑公司选择一般计税方法计缴增值税比较有利。

该案例中，建筑企业采购材料物资价税合计为 843.24 万元 [800÷（1+11%）×（1+17%）]，而"甲供材料合同中约定的工程价税合计 ×48.18%"为：1400 万元（2000-400-200）×48.18% = 674.52 万元，小于建筑企业采购材料物资的价税合计，这就证实了"建筑企业采购材料物资价税合计 > 48.18× 甲供材合同中约定的工程价税合计，选择一般计税方法比较有利"的理论。

根据上述案例可知，无论是选择一般计税方法还是选择简易计税方法计缴增值税，"甲供材料"都不会计入建筑企业的建筑服务销售额中，也就不需要缴纳增值税。

误区
No.106

提供建筑服务的企业都要扣除材料分包款

相关政策规定，增值税一般纳税人以清包工方式提供建筑服务，为甲供工程提供建筑服务，或为建筑工程老项目提供建筑服务，可选择简易计税方法，以取得的全部价款和价外费用扣除支付的分包款后的余额为销售额，同时按 3% 征收率计算应纳税额。但如果选择一般计税方法，应以取得的全部价款和价外费用为销售额，同时按 11% 税率计算应纳税额，还要向机构所在地国税机关申报纳税。

纳税人从全部价款和价外费用中扣除的分包款，应取得符合法律、行政法规和国家税务总局规定的有效凭证，具体情况如下所示。

①从分包方取得的2016年4月30日前开具的建筑业营业税发票（按照税务总局规定延期使用的除外）。

②从分包方取得的 2016 年 5 月 1 日后开具的、备注栏注明建筑服务发生地所在县（市、区）和项目名称的增值税发票。

③国家税务总局规定的其他凭证。

也就是说，当提供建筑服务的企业在收到分包方如上所述的一些有效凭证时，可对支付的分包款进行扣除。提供建筑服务的企业在简易计税方式下计算销售额可以扣除分包款，但分包款对应的增值税进项税额不得从其销项税额中抵扣。

为了区分建筑服务企业经营过程中分包款的扣除和进项税额的抵扣情况，下面通过具体实例来认识。

北京市海淀区某建筑企业为增值税一般纳税人，2017 年 8 月在当地发生了以下业务。假设上一期没有留抵税额。

1. 在本区为 A 项目提供工程服务（清包工方式，该企业选择简易计税方法），含税销售额为 772.5 万元，给对方开具了增值税专用发票；同时，将部分 A 项目分包给了另一建筑企业甲，支付了分包款 154.5 万元（含税），取得了增值税专用发票，税额为 4.5 万元，当月已经认证。

2. 2017 年 7 月在本区为 B 项目提供装饰服务（老项目，选择简易计税方法），并将部分 B 项目分包给了建筑企业乙，已经支付了分包款。而该企业在 8 月装饰完工，取得含税销售额 77.25 万元，开具了增值税专用发票，并收到乙企业 7 月开具的增值税普通发票，金额为 15 万元。

3. 在本区为 D 项目提供修缮服务，适用一般计税，含税销售额为 33.3 万元，并开具了增值税专用发票；在施工过程中，企业将部分 D 项目分包给了建筑企业丙（小规模纳税人），支付分包款 13.91 万元（含税），取得丙企业提供的代开增值税专用发票，税额为 4051 元。

在上述业务中，第 1 项业务选择简易计税方法，对应的分包款收到增值税专用发票，为符合法律和行政法规规定的有效凭证，所以分包款 154.5 万元可以扣除；但是，分包款对应的 4.5 万元增值税进项税额不得扣除。

第 2 项业务也选择简易计税方法，虽然对应的分包款收到的是增值税普通发票，但根据规定，这也属于国家税务总局规定的有效凭证，所以分包款 15 万元可以扣除；分包款对应的增值税进项税额不得抵扣。

第 3 项业务适用一般计税方法，因此，对应的分包款不能扣除；但因为分包款取得了增值税专用发票，所以进项税额可以抵扣。

由案例可知，提供建筑服务的企业，其分包款的扣除与否与计税方法有关，而增值税进项税额是否抵扣与收到的发票类型有关。

误区
No.107

餐饮业纳税人任何情况都可用农产品收购发票

《国家税务总局关于明确营改增试点若干征管问题的公告》（国家税务总局公告 2016 年第 26 号）规定，餐饮行业增值税一般纳税人购进农业生产者自产农产品，可以使用国税机关监制的农产品收购发票，按照现行规定计算抵扣进项税额。正确的理解为：允许使用收购发票计算抵扣进项税额的，只限于收购农业生产者自产的农产品。

一般来说，餐饮企业在采购时，应尽可能选择可以取得进项发票的渠道，即能够开具增值税专用发票和农副产品销售发票的供货商。但这样的供货商的规模需要很大很正规，如工厂、经销商或者是农副产品生产销售合作社等。

而随着消费者对餐饮质量要求的不断提升，所以很多餐饮企业都向农产品生产者（农户）直接收购食材，这样食材比较新鲜，质量高。在这种情况下，餐饮企业就不太可能从农户手中获得增值税专用发票或农副产品销售发票。此时，餐饮企业可向国税部门申请领取农副产品收购发票，在向农户收购农副产品时由餐饮企业自行开具。餐饮企业在按照农产品收购发票或销售发票上注明的农产品买价和 13% 扣除率计算进项税额时，计算公式如下。

农产品收购的进项税额 = 买价 × 扣除率

餐饮企业需要使用农副产品收购发票抵扣进项税额的，需要事先向税务机关申请"农产品进项税额核定扣除"。而按照《增值税暂行条例》、财政部、国家税务总局财税〔2016〕36 号和国家税务总局 2016 年第 26 号公告的规定，一般纳税人购进农产品按下列办法抵扣农产品进项税额。

◆ 向农业生产单位或农民专业合作社购进其自产的农产品（免税），凭农业生产单位或农民专业合作社开具的普通发票抵扣进项税额。

◆ 向农民个人购进其资产的农产品（免税），凭农品个人向税务机关申请代开的普通发票，或一般纳税人自行开具的收购发票抵扣进项税额。

◆ 向其他一般纳税人购进非自产农产品（应税），凭增值税专用发票抵扣进项税额。

◆ 向小规模纳税人购进非自产农产品（应税），凭自开或向税务机关申请代开的增值税普通发票（或专票）抵扣进项税额。

◆ 向批发、零售单位购进非自产农产品（免税），按财政部、国家税务总局财税〔2012〕75 号的有关规定，不得抵扣进项税额。

需要餐饮企业纳税人注意的是：收购发票一律不得跨区（省）使用。收购企业在本身范围内跨市、县收购农产品的，可携带空白收购发票外出开具使用，同时，应保存好差旅费发票、运费发票和过路（桥）费收据等资料，以备核查。如果外省（区、直辖市）农民送货上门，收购发票必须附有运费发票或过路（桥）费票据。使用收购发票的企业应按规定的格式如实填写和保管《农产品投售人信息备案表》，作为收购发票的附列资料。

政策规定中的农产品包括种植业、养殖业、林业、牧业和水产业生产的各种植物和动物的初级产品，具体范围按照财政部、国家税务总局《农产品征税范围注释》（财税字〔1995〕052 号）和商务部、财政部、国家税务总局关于开展农产品连锁经营试点的通知（商建发〔2005〕1 号）有关规定执行。

铁路货票、运费杂费收据等可直接作为企业所得税税前扣除凭证

市场中的所有企业都需要注意，铁路货票和运费杂票收据等不得直接作为企业所得税的税前扣除凭证。政策依据是《国家税务总局关于停止使用货物运输业增值税专用发票有关问题的公告》（国家税务总局公告 2015 年第 99 号），具体内容如下。

①增值税一般纳税人提供货物运输服务，使用增值税专用发票和增值税普通发票，开具发票时应将起运地、到达地、车种车号以及运输货物信息等内容填写在发票备注栏中，若内容较多，则可另附清单。

②中国铁路总公司及其所属运输企业（含分支机构）提供货物运输服务，自 2015 年 11 月 1 日起使用增值税专用发票和增值税普通发票，所开具的铁路货票、运费杂费收据只作为发票清单使用。

③ 2016 年 1 月 1 日起，铁路运输企业开具的铁路货票、运费杂费收据不得作为发票在企业所得税税前扣除，只能作为发票清单使用。

所以，"铁路货票、运费杂费收据等可直接作为企业所得税税前扣除凭证"的说法不正确。

比如，某贸易公司 2017 年 8 月委托当地铁路局，将 50000 公斤焦粒从南宁运往全州，发生到站装卸费 6341.88 元，费用已经支付，收到铁路局开具的运费杂费收据，该收据不能作为发票使用，所支付的到

站装卸费 6341.88 元不得在贸易公司的企业所得税税前扣除。如果贸易公司在收到收据的同时还收到铁路局开具的增值税发票，则可将运费杂费收据作为发票清单使用，即 6341.88 元到站装卸费就可税前扣除。

误区
No.109

安置残疾人享受企业所得税优惠时有人数限制

《中华人民共和国企业所得税法》（中华人民共和国主席令 63 号）第三十条规定：企业安置残疾人员及国家鼓励安置的其他就业人员所支付的工资，可以在计算应纳税所得额时加计扣除。也就是说，企业安置残疾人员的，在按照支付给残疾职工工资据实扣除的基础上，还可在计算应纳税所得额时按照支付给残疾职工工资的 100% 加计扣除。

在具体的税务实务中，在进行企业所得税预缴申报时，企业就支付给残疾职工的工资，可以据实计算扣除；在年度终了进行企业所得税年度申报和汇算清缴时，再依照规定计算加计扣除部分。

纳税人需要注意，企业实际支付给残疾职工的工资加计扣除部分如果大于当年度应纳税所得额，则可准予扣除其不超过应纳税所得额的部分，而超过部分在本年度和以后年度均不得继续扣除。另外，亏损企业不适用该加计扣除应纳税所得额的政策。

安置残疾人就业的企业（福利企业、盲人按摩机构、工疗机构和其他单位），同时符合以下条件并经过有关部门的认定后，均可申请享受上述税收优惠政策。

◆ 依法与安置的每位残疾人签订了一年（含）以上的劳动合同或服务协议，并且安置的每位残疾人在企业实际上岗工作。

◆ 月平均实际安置的残疾人占企业在职职工总数的比例应高于25%（含25%），且实际安置的残疾人人数要在10人以上（含）。这样不仅可以享受企业所得税优惠政策，还可享受增值税优惠政策。但如果月平均实际安置的残疾人占企业在职职工总数的比例低于25%但高于1.5%，且实际安置的残疾人人数超过5人，则可享受企业所得税优惠政策，但不得享受增值税优惠政策。

然而，财政部、国家税务总局财税〔2009〕70号文件的出台，取消了安置人员的比例限制。所以，就目前的市场来说，安置残疾人就业的企业不需要满足一定人数就能享受相应的税收优惠政策，"安置残疾人享受企业所得税优惠时有人数限制"的说法是不正确的。

误区
No.110

残疾人职工工资的加计扣除包含企业和个人承担的所有社保和公积金

根据《企业所得税法》（主席令第63号）和《财政部、国家税务总局关于安置残疾人员就业有关企业所得税优惠政策问题的通知》（财税〔2009〕70号）的相关规定，企业安置残疾人员的，在按照支付给残疾职工工资据实扣除的基础上，可在计算应纳税所得额时按照支付给残疾职工工资的100%加计扣除。

政策规定中的残疾人职工工资是指企业实际发放给残疾人职工的工资薪金总额，它不包括企业的职工福利费、职工教育经费、工会经费以及社保费用和住房公积金。

因此，企业安置残疾人支付工资的加计扣除，只包含个人承担的社保费用和住房公积金部分，不含企业承担的社保费用和公积金。"残疾人职工工资的加计扣除包含企业和个人承担的所有社保和公积金"的说法是不正确的。

比如，某企业在汇算企业所得税时，如果有残疾人工资加计扣除事项，且残疾人工资 2000 元，个人负担社保费用 200 元，企业负担社保费用 400 元，实发工资为 1800 元。则企业应按残疾人应发工资 2000 元计算加计扣除，而不是 1800 元或者 2400（2000+400）元。

需要强调的是，残疾人职工工资的加计扣除一般发生在年度终了进行企业所得税年度申报和汇算清缴时，季度或月度预缴时是不能执行"加计扣除"这一操作的。

误区
No.111
关于残疾人工资加计扣除的问题

很多企业纳税人在为自身安置残疾人就业争取税收优惠，但因为没有彻底理解相关政策规定的含义，所以很容易走入残疾人工资加计扣除的纳税误区，比如以下所述的一些。

误区一：只有福利企业才可享受残疾人工资加计扣除

确实，多年来福利企业一直是税收优惠的主要对象，因此，在落实企业安置残疾人员工资加计扣除时，部分费福利企业虽然安置了残疾人员，但加计扣除优惠政策没有得到落实。而相关优惠政策中的"企业"是指广义的企业，只要符合享受残疾人工资加计扣除的企业，不管它是不是福利企业，都可享受工资加计扣除税收优惠。

误区二：加计扣除残疾人员的工资额等同于企业会计上的职工薪酬

加计扣除残疾人员的工资额的核算口径是《国家税务总局关于企业工资薪金及职工福利费扣除问题的通知》规定的工资薪金总额，这一总额是企业所得税法规定的工资薪金内容，它与企业会计上的职工薪酬是不同的概念。

误区三：现金发放工资也可加计扣除

财政部、国家税务总局财税〔2009〕70号文件明确了企业享受安置残疾职工工资加计扣除应"定期通过银行等金融机构向安置的每位残疾人实际支付了不低于企业所在区县适用的经省级人民政府批准的最低工资标准的公司"。这是硬性规定，所以，以现金发放给残疾人职工的工资不能适用加计扣除。企业要注意该误区，避免给企业带来不必要的税收负担。

误区四：未足额缴纳社会保险也可享受工资加计扣除

财政部、国家税务总局财税〔2009〕70号文件规定，企业享受安置残疾职工工资加计扣除必须符合"为安置的每位残疾人按月足额缴纳了企业所在区县人民政府根据国家政策规定的社保费用"。也就是说，企业在计算残疾人员工资加计扣除时，一定要注意是否符合为残疾人员"按月足额缴纳"社会保险，否则不得享受工资加计扣除的税收优惠政策。

误区五：事后备案不可以享受工资加计扣除

《国家税务总局关于税务行政审批制度改革若干问题的意见》（税

总发〔2014〕107 号）对"实施备案管理"的事项作出了强调，纳税人等行政相对人应按规定向税务机关报送备案材料，税务机关应将其作为加强后续管理的资料，但不得以纳税人等行政相对人没有按规定备案为由，剥夺或限制其依法享有的权利、获得的利益、取得的资格或可以从事的活动。

纳税人等行政相对人未按规定履行备案手续的，税务机关应依法进行处理。简单来说，纳税人支付残疾人工资的加计扣除问题，如果在规定期限内没有办理备案手续，该享受的加计扣除也可以享受，只是需要纳税人在税法规定的期限内予以补办。

误区
No.112
只有高新技术企业才可享受研发费的加计扣除

《企业所得税法》及实施条例、国税发〔2008〕116 号等文件，没有对享受研究开发费的加计扣除的企业范围作出限制，所以不只是高新技术企业才可享受研究开发费的加计扣除。

《财政部、国家税务总局、科技部关于完善研究开发费用税前加计扣除政策的通知》（财税〔2015〕119 号）规定，企业开展的研发活动是指企业为获得科学与技术新知识，创造性运用科学技术性知识，或实质性改进技术、产品（服务）和工艺等持续进行的具有明确目标的系统性活动。这些研发活动中实际发生的研发费用，未形成无形资产计入当期损益的，在按规定据实扣除的基础上，按本年度实际发生额的 50%，从本年度应纳税所得额中加计扣除；形成无形资产的，按无形资产成本的 150% 在税前摊销。

所以，不仅是高新技术企业，其他企业只要存在上述通知规定的研发活动，则对应产生的研发费用都可计算加计扣除。该通知中所指的研发费用包括下面的一些。

①人员人工费用。直接从事研发活动的人员的工资薪金、五险一金以及外聘研发人员的；劳务费用。

②直接投入费用。包括研发活动直接消耗的材料、燃料和动力费用；用于中间试验和产品试制的模具、工艺装备开发及制造费，不构成固定资产的样品、样机及一般测试手段购置费，试制产品的检验费；用于研发活动的仪器、设备的运行维护、调整、检验和维修等费用，以及通过经营租赁方式租入的用于研发活动的仪器和设备租赁费。

③折旧费和摊销费。用于研发活动的仪器和设备的折旧费；用于研发活动的软件、专利权和非专利技术（包括许可证、专有技术及设计和计算方法等）等的摊销费用。

④其他相关费用。新产品设计费、新工艺规程制定费、新药研制的临床试验费、勘探开发技术的现场试验费以及与研发活动直接相关的其他费用，如技术图书资料费，资料翻译费，专家咨询费，高新科技研发保险费，研发成果的检索、分析、评议、论证、鉴定、评审、评估和验收费用，知识产权的申请费、注册费和代理费，差旅费以及会议费等。需要注意，与研发活动直接相关的其他费用总额不得超过可加计扣除研发费用总额的 10%。

除此之外，还有一些特别事项的研发费用需要做不同的处理。比如，企业委托外部机构或个人进行研发活动所产生的费用，按费用实际发生额的 80% 计入委托方研发费用并计算加计扣除，而受托方不得再进行加计扣除，但企业委托境外机构或个人进行研发活动发生的费用，不得加计扣除；企业共同合作开发的项目，由合作各方就自身实际承担的研发费用分别计算加计扣除。

另外，企业集团根据生产经营和科技开发的实际情况，对技术要求高、投资数额大、需要集中研发的项目，其实际发生的研发费用可按权利和义务相一致、费用支出和收益分享相配比的原则，合理确定研发费用的分摊方法，在手艺成员企业间进行分摊，由相关成员企业分别计算加计扣除。企业为获得创新性、创意性和突破性产品进行创意设计活动而发生的相关费用，可加计扣除，其中，创意设计活动是指多媒体软件、动漫游戏软件开发，数字动漫、游戏设计制作，房屋建筑工程设计（绿色建筑评价标准为三星），风景园林工程专项设计，工业设计，多媒体设计，动漫及衍生产品设计和模型设计等。

误区
No.113

产权式酒店的分红需纳入税后分配事项

产权式酒店是指投资者购买了酒店某一间客房的产权后，自己并不居住，而是委托给酒店管理公司经营，以获取投资回报。这部分回报分为两部分：一是固定的租金收入，二是浮动的年终分红。

在实际操作中，几乎所有酒店都将平时发生的租金费用计入成本费用，将超额分红纳入税后分配事项。表面上看，这种经营模式好像兼具了房产租赁与投资两种性质。但事实上，《国家税务总局关于节点产权式经营业主税收问题的批复》（国税函〔2006〕478号）规定：

酒店产权式经营业主在约定的时间内提供房产使用权与酒店进行合作经营，若房产产权并未归属新的经济实体，经营业主按约定取得的固定租金收入和分红收入均应视为租金收入，按"服务业——租赁业"征收增值税，按财产租赁所得项目征收个人所得税。

如果酒店方采取争取的账务处理方法，就可把协议约定的分红款转化为正常的租金费用，在会计上计入"预计负债"科目，从而起到抵减当期应纳税所得额的作用。所以，产权式酒店的分红不应纳入税后分配事项，而要作为应税收入计算相应的应交税费，"产权式酒店的分红需纳入税后分配事项"的说法是不正确的。

某假日酒店（甲方）与所有产权人（乙方）分别签订了为期 3 年的协议，由甲方负责酒店日常的经营管理，每年按乙方购房价格（经统计，购房总价合计 1350 万元）的 8% 支付租金，每月支付一次。如果甲方实现的年度税后净利润超过了乙方购买价格的 5%，则超额部分由双方平分。

甲方 2016 年共实现营业收入总额为 750 万元，成本费用 528 万元（含支付租金 108 万元，取得了合规发票），年度利润总额为 222 万元。假设没有任何纳税调整事项，全年累计缴纳企业所得税应为：$222 \times 25\% = 55.5$（万元）。则与协议约定相比，超额净利为：$222 - 55.5 - 1350 \times 5\% = 99$（万元），所以乙方可分得超额净利 49.5 万元。

甲方扣缴乙方租赁业的个人所得税 $= （49.5 + 108）\times 10\%$
$$= 15.75（万元）$$

如果其他条件不变，某假日酒店年初时经过测算，估计年末分红额在 3%（即 $1350 \times 3\% = 40.5$ 万元），会计上应将其作为租金费用，按期平均分摊计入"预计负债"科目（只计提不支付）。一般情况下，预提的数额与最终支付额会存在差异，甲方应在会计期末参照年度经营成果计算出实付额，并与"预计负债"科目余额进行对比，若有差额，则要据实调整（未完成超额净利的就需要全额冲销）。如果甲方预提额于实付额没有任何差异，则不需要进行调整。

由此可知，产权式酒店的分红可能会成为税后调整事项，相关的会计科目为"预计负债"。

误区
No.114
教育培训机构按一般计税法纳税

2016 年 6 月，财政部发布了《关于进一步明确全面推开营改增试点有关再保险、不动产租赁和非学历教育等政策的通知》。通知中有一条关于教育培训机构的利好消息：一般纳税人提供非学历教育服务的，可选择适用简易计税方法按照 3% 征收率计算应纳税额。

与该通知相呼应的培训行业认定一般纳税人的标准是：年应税服务销售额 500 万元。所以，能够享受这一利好条款的前提有以下一些。

◆ 教育培训机构是一个企业，而不是一个学校。
◆ 教育培训机构一定要有合法的教育资质，在营业执照或经营范围中有培训服务这一经营内容。
◆ 教育机构可以开出关键字为"培训费"的发票。

营改增之前，教育培训机构提供教育培训服务要缴纳营业税，税率为 3%。营改增之后，凡是一般纳税人的教育企业提供教育培训服务的要缴纳增值税，税率为 6% 左右，也就是说，一旦培训机构的营业收入超过 500 万元，即达到一般纳税人级别，就要按 6% 税率缴纳增值税。对于培训机构而言税负会上升，虽然这时可抵扣进项税额，但能够抵扣的通常只有部分物业租赁的进项税额，抵扣后的应纳税额还是会高于按照 3% 税率缴纳的税费金额。

所以，上述通知规定教育培训机构的一般纳税人可选择适用简易计税方法纳税，就变相地让纳税人保持了原来按照营业税缴税比例纳税，减轻了纳税人的税收负担。

误区
No.115

"营改增"后旅游业税务只是税率有变化

2016 年 5 月全面实施营改增后，建筑业、房地产业、金融业、生活服务业等都将由缴纳营业税改为缴纳增值税。旅游业属于生活服务业，为了新政能更好实施，需要从事旅游业的会计人员了解新旧政策的对比差异，具体见表 10-1。

表 10-1　旅游业营改增前后的政策差异对比

对比项	原营业税政策	改为增值税
营业额	以取得的全部价款和价外费用扣除替旅游者支付给其他单位或个人的住宿费、餐费、交通费、旅游景点门票和支付给其他接团旅游企业的旅游费用后的余额为营业额	可选择以取得的全部价款和价外费用扣除向旅游服务购买方收取并支付给其他单位或个人的住宿费、餐费、交通费、签证费、门票费和支付给其他接团旅游企业的旅游费用后的余额为销售额
税率	适用营业税税率，5%	适用增值税税率，一般纳税人为 6%，小规模纳税人为 3%

从表 10-1 可以看出，营改增后不变的是对旅游收入继续执行差额征税的政策。在延续旅游业差额征税政策的实务中需要关注以下的一些注意事项。

①营改增后执行差额征税可从销售额中扣除的项目有住宿费、餐饮费、交通费、签证费、门票费和支付给其他接团旅游企业的旅游费用，相比营改增前的政策，可扣除项目多了一项"签证费"。

②可扣除项目只有在取得有效凭证时才可作为扣减因素实现差额征税。有效凭证指支付给境内单位或个人的款项，以发票为合法有效凭证；支付给境外单位或个人的款项，以该单位或个人的签收单据为合法有效凭证，税务机关对签收单据有异议的，可要求旅游企业提供境外公正机构的确认证明；缴纳的税款以完税凭证为合法有效凭证；国家税务总局规定的其他凭证。

③旅游企业即使是一般纳税人，但在实务操作中仍然不能抵扣增值税进项税额，所以最好取得普通发票。如果取得专用发票，还需要认证后做进项税额转出，否则会导致税务系统出现大量流失票。

④试点纳税人在计算销售额时，向旅游购买方收取并支付的有关费用，不得开具增值税专用发票，可以开具普通发票。

误区
No.116
旅游业的四大涉税风险

实行增值税政策后，原来在营业税制情况下的旅游业纳税人极大可能存在纳税身份选择、销项准确核算、进项合规抵扣、会计正确处理和发票规范管理等涉税风险。

纳税身份选择的涉税风险

应登记而未登记的风险。增值税纳税人分为一般纳税人和小规模纳税人，两类纳税人在发票使用、税款缴纳和会计核算方面都不相同。旅游业一般纳税人依照 6% 税率核算销项税，同时可以抵扣进项，但小规模纳税人实行 3% 征收率简易征收。可见，纳税人身份的确定对其生产经营有着重要影响。从事旅游业的纳税人年应税销售额超过标准而未办理一般纳税人登记的，意味着企业将承担高税负，且由于不能开具专用发票，下游购买方不得抵扣进项税额，这会影响企业的客户拓展。

挂靠经营方式的纳税风险。挂靠协议定义模糊，纳税人身份难定，很多为了规避禁止挂靠旅行社规定的旅游业纳税人，将其拟定的挂靠协议写成"合作协议"或"支持协议"，内容一般为"甲方负责为乙方出具发票，乙方统一纳税"，给税务机关在确定纳税人身份时设置障碍。同时，挂靠经营办事机构的收入难监控，旅行社很少开具相应发票，大部分挂靠收入游离在旅行社财务核算范围之外，未及时足额申报。

销项税额核算的涉税风险

销项税额涉及销售额的计算和税率的适用，销售额的核算是否正确直接决定了纳税人应纳税额的确定，也是税务稽查重点关注的内容。另外，纳税人存在兼营不同税率项目时税率选择的正确性也是税务稽查必查内容。而在确定销售额时，价外费用的界定和视同销售的认定最容易让纳税人走入纳税误区。

按现行增值税政策，价外费用是指价外收取的各种性质的收费，但不包括这两项收费：一是代为收取并符合规定的政府性基金或行政事业性收费；二是以委托方名义开具发票代委托方收取的款项。从事旅游业的纳税人在提供服务时，除前述两方面价外费用外的其他价外收费都应并入销售额计缴增值税。而现实工作中的旅游业纳税人存在大多现金交易、价外费用不开票的情况，这会给纳税人带来涉税风险。

根据营改增相关政策规定，单位或个体工商户向其他单位或个人无偿提供服务的，视同销售服务，但用于公益事业或以社会公众为对象的除外。在营改增日常经济事项中，旅游业无偿提供的应税服务很多，尤其是各种零星且分散的服务大量存在，比如免费赠送游客购物券、免费赠送游客餐饮服务等，很多纳税人认为其本身是免费服务，没有相应的经济利益流入行为，所以这样的行为就不用按规定申报纳税，这给税务机关认定视同销售带来困难，进而难以确定销项税额。

差额计税的涉税风险

旅游业纳税人选择差额计税的，应取得符合法律、行政法规和国家税务总局规定的有效凭证，否则不得扣除。但现实业务中，旅游业的住宿费和餐费等扣除项目如果由规模较小或经营不规范的店家提供，就很难获取发票等合法凭证，而纳税人把没有合法凭证的项目也进行扣除，待到纳税申报时被查出，会遭遇涉税风险。

适用差额征税办法且可以全额开具增值税专用发票进行全额抵扣的业务只有融资租赁、有形动产融资性售后回租老合同且选择不扣除本金、简易计税的建筑服务、房地产开发企业销售开发的房地产项目以及纳税人简易计税二手房销售业务等，旅游业适用差额征税功能开票的，实行差额抵扣，而不是全额抵扣。这也是纳税人极易走入的误区。

纳税人兼有多项差额征税应税服务经营的，如果没有按现行政策规定根据适用的差额征税政策按具体应税服务项目、免税和免抵退税应税服务项目分别核算含税销售额、扣除项目金额和计税销售额，会使经营混乱，免抵税核算不清，存在涉税风险。

营改增试点实施后，可享受差额征税政策的试点纳税人应向主管国税机关办理差额征税备案手续，一般是在首笔业务发生后的纳税申报前向主管国税机关申请办理增值税备案登记，未按规定办理登记的，不得按差额征税。部分旅游业纳税人在实行差额征税办法时未按规定办理备案手续，纳税申报时的税额与税务机关核算的有出入，影响纳税人的信誉，引发涉税风险。

进项抵扣的涉税风险

目前，增值税扣税凭证只有增值税专用发票、海关进口增值税专用缴款书、农产品收购发票、农产品销售发票和完税凭证，其他凭证均不得用来抵扣进项。但部分旅游业纳税人还在凭借公路内河运输发票抵扣，或者以填写不全的货物运输业增值税专用发票抵扣，导致进项抵扣涉税风险产生。另外，一般纳税人购进的旅客运输服务、餐饮服务、居民日常服务和娱乐服务的进项税额是不得从销项税额中抵扣的，但在现实工作中，很多旅游业纳税人依旧将这些服务涉及的进项税额从销项税额中抵扣了，会产生较大涉税风险。

扣除项目必须具体到旅游行业里面，餐费、门票和"农家乐"住宿等费用是旅游接待过程中旅游业纳税人的成本支出，属于进项税抵扣范围，如果取得的是当地账单或收据，就不能作为进项税抵扣凭证。

误区
No.117
动漫产业的税收将一直享有优惠

财政部和国家税务总局明确了动漫产业和宣传文化事业增值税及营业税相关优惠政策，发布了《关于动漫产业增值税和营业税政策的通知》，对属于增值税一般纳税人的动漫企业销售其自主开发生产的动漫软件，按 17% 税率计缴增值税后，对其增值税实际税负超过 3% 的部分实行即征即退政策。退税数额计算公式如下。

应退税额 = 享受税收优惠的动漫软件当期已征税款 − 享受税收优惠的动漫软件当期不含税销售额 × 3%

此外，动漫软件出口业务免征增值税。这两项优惠政策执行时间截至 2017 年 12 月 31 日。

《财政部、国家税务总局关于扶持动漫产业发展有关税收政策问题的通知》规定，经认定的动漫企业自主开发和生产动漫产品，可申请享受国家现行鼓励软件产业发展的所得税优惠政策，具体内容如下。

◆ 动漫企业生产软件实行增值税即征即退政策所退还的税款，由企业用于研发软件产品或扩大再生产的，不作为企业所得税应税收入，不征收企业所得税。

◆ 动漫企业生产软件时支付的职工培训费用，可按实际发生额在计算应纳税所得额时扣除。

知识加油站

申请认定为动漫企业要同时符合以下 8 个标准：一是国境内依法设立的企业；二是动漫企业经营动漫产品的主营业收入占企业当年总收入的 60% 以上；三是自主开发生产的动漫产品收入占主营收入的 50% 以上；四是具有大学专科以上学历的或通过国家动漫人才专业认证的、从事动漫产品开发或技术服务的专业人员占企业当年职工总数的 30% 以上，其中研发人员占企业当年职工总数的 10% 以上；五是具有从事动漫产品开发或相应服务等业务所需的技术装备和工作场所；六是动漫产品的研究开发经费占企业当年营业收入 8% 以上；七是动漫产品内容积极健康，没有法律禁止的内容；八是企业产权明晰，管理规范，守法经营。一般来说，动画创作和制作企业、网络动漫（含手机动漫）创作和制作企业以及动漫软件开发企业等属于动漫企业。

误区
No.118

营改增后家政服务公司取得的收入都要缴纳增值税

根据《财政部、国家税务总局关于全面推开营业税改征增值税试点的通知》（财税〔2016〕36号）附件3《营业税改征增值税试点过渡政策》的相关规定，家政服务企业由员工制家政服务员提供家政服务取得的收入免征增值税。其他不属于员工制家政服务员提供的家政服务取得的收入需要计入销售额计缴增值税和企业所得税。所以，"营改增后家政服务公司取得的收入都要缴纳增值税"的说法不正确。

家政服务企业指在企业营业执照的规定经营范围中包括家政服务内容的企业，员工制家政服务员指同时符合下列3个条件的家政服务员。

◆ 依法与家政服务企业签订半年及半年以上的劳动合同或服务协议，且在该企业实际上岗工作。

◆ 家政服务企业为其按月足额缴纳了企业所在地人民政府根据国家政策规定的社会保险，对已享受新型农村养老保险和新型农村合作医疗等社会保险或下岗职工原单位继续为其缴纳社会保险的家政服务员，如果本人书面提出不再缴纳企业所在地人民政府根据国家政策规定的相应社会保险，并出具其所在地乡镇或原单位开具的已缴纳相关保险的证明，可视为家政服务企业已为其按月足额缴纳了相应的社会保险。

◆ 家政服务企业通过金融机构向其实际支付不低于企业所在地适用的经省级人民政府批准的最低工资标准的工资。

读 者 意 见 反 馈 表

亲爱的读者：

感谢您对中国铁道出版社的支持，您的建议是我们不断改进工作的信息来源，您的需求是我们不断开拓创新的基础。为了更好地服务读者，出版更多的精品图书，希望您能在百忙之中抽出时间填写这份意见反馈表发给我们。随书纸制表格请在填好后剪下寄到：北京市西城区右安门西街8号中国铁道出版社综合编辑部 张亚慧 收（邮编：100054）。或者采用传真（010-63549458）方式发送。此外，读者也可以直接通过电子邮件把意见反馈给我们，E-mail地址是：lampard@vip.163.com。我们将选出意见中肯的热心读者，赠送本社的其他图书作为奖励。同时，我们将充分考虑您的意见和建议，并尽可能地给您满意的答复。谢谢！

- -

所购书名：＿＿＿＿＿＿＿＿＿＿＿＿＿＿＿＿＿＿＿＿＿＿

个人资料：

姓名：＿＿＿＿＿＿＿＿ 性别：＿＿＿＿＿＿ 年龄：＿＿＿＿＿＿ 文化程度：＿＿＿＿＿＿＿＿＿＿

职业：＿＿＿＿＿＿＿＿ 电话：＿＿＿＿＿＿＿＿＿ E-mail：＿＿＿＿＿＿＿＿＿

通信地址：＿＿＿＿＿＿＿＿＿＿＿＿＿＿＿＿＿ 邮编：＿＿＿＿＿＿＿＿

- -

您是如何得知本书的：

□书店宣传 □网络宣传 □展会促销 □出版社图书目录 □老师指定 □杂志、报纸等的介绍 □别人推荐
□其他（请指明）＿＿＿＿＿＿＿＿＿＿＿＿＿＿＿＿＿＿＿＿＿＿＿＿＿＿＿＿＿

您从何处得到本书的：

□书店 □邮购 □商场、超市等卖场 □图书销售的网站 □培训学校 □其他

影响您购买本书的因素（可多选）：

□内容实用 □价格合理 □装帧设计精美 □优惠促销 □书评广告 □出版社知名度
□作者名气 □工作、生活和学习的需要 □其他

您对本书封面设计的满意程度：

□很满意 □比较满意 □一般 □不满意 □改进建议

您对本书的总体满意程度：

从文字的角度 □很满意 □比较满意 □一般 □不满意
从技术的角度 □很满意 □比较满意 □一般 □不满意

您希望书中图的比例是多少：

□少量的图片辅以大量的文字 □图文比例相当 □大量的图片辅以少量的文字

您希望本书的定价是多少：

本书最令您满意的是：

1.

2.

您在使用本书时遇到哪些困难：

1.

2.

您希望本书在哪些方面进行改进：

1.

2.

您需要购买哪些方面的图书？对我社现有图书有什么好的建议？

您更喜欢阅读哪些类型和层次的经管类书籍（可多选）？

□入门类 □精通类 □综合类 □问答类 □图解类 □查询手册类

您在学习计算机的过程中有什么困难？

您的其他要求：